Welchen Weg soll ich im Leben gehen?

Impressum

Bibliografische Information der Deutschen
Nationalbibliothek:
Die Deutsche Nationalbibliothek verzeichnet diese
Publikation in der Deutschen Nationalbibliografie;
detaillierte bibliografische Daten sind im Internet über
http://dnb.dnb.de abrufbar.

© 2023 Jonas Pöltl

Herstellung und Verlag:
BoD – Books on Demand, Norderstedt

ISBN: 978 374 483 59 16

Credits

Abbildungen:	Brebca, GeraKTV, greens87
Coverbild:	GeraKTV, Miceking
	(alle Bilder: stock.adobe.com)
Covergestaltung:	Jonas Pöltl/jonaspoeltl.de
Autorenportrait:	Beate Pöltl/beatepoeltl.de

Jonas Pöltl

DIE
INSEL DER
ERKENNTNIS
2

Zeit für Entscheidungen

Eine Reise zu Glück und Erfüllung

Inhaltsverzeichnis

Für Lukas, Niklas, Katja und Lucky:
Ihr seid die funkelnden Sterne meines
Lebens.

Prolog

Ich setzte mich ruckartig in meinem Bett auf, da ich von gleißend hellem Licht geblendet wurde. »*Wer hat denn bloß die Software für meinen Sonnenaufgangswecker geschrieben? Das ist viel zu grell*«, dachte ich, während ich routinemäßig auf meinem Handgelenk herumtippte. Als mein Finger unerwartet auf Haut traf, fiel mir auf, dass ich gar nicht meine Smartwatch am Arm trug, über die ich normalerweise meinen Wecker ausschaltete. Und noch ungewöhnlicher: Diese Helligkeit kam auch gar nicht von meinem Wecker. »*Nur woher kommt dann das gleißend helle Licht?*«, fragte ich mich verblüfft.

Neugierig stand ich auf und begab mich zum Fenster, um die Quelle der Helligkeit zu ergründen: Dieses gleißend helle Licht kam tatsächlich von der echten Sonne. Ich sah mich um und bemerkte, dass ich mich auch gar nicht in meinem Apartment befand, sondern in einer spartanisch eingerichteten Hütte, die gut und gerne in einer Reisedokumentation über Inselparadiese als Hütte von Ureinwohnern herhalten konnte.

»*Wie bin ich nochmal hierhergekommen?*«, fragte ich mich.

Und dann dämmerte es mir wieder…

Teil 1

Die Insel

1

Gestern war ich noch in der Wohnung meines bestens Freundes Neill in Cambridge und wir hatten uns darüber unterhalten, ob wir jetzt unser Startup gründen sollen oder nicht. Spätabends bin ich mit dem Fahrrad über die Anderson Memorial Bridge gefahren, um meinen Kopf freizubekommen. Und dann hatte mich ein heranrasender Autofahrer so geschnitten, dass ich scharf ausweichen musste. Dabei bin ich frontal mit meinem Fahrrad gegen das Brückengeländer geprallt und kopfüber in den Charles River gefallen. Beim Sturz hatte ich mir so den Kopf gestoßen, dass ich im Wasser nicht in der Lage war, zu schwimmen und wie ein Stein bin ich immer tiefer und tiefer gesunken…

Bis ich dann hier in dieser Hütte aufgewacht bin. Nur wo genau ist eigentlich *hier*? Und wie bin ich hierhergekommen? »*Wie Cambridge sieht das hier echt nicht aus*«, dachte ich.

Da ich mich körperlich wieder hervorragend fühlte, beschloss ich herauszufinden, wo ich mich gerade befand. Neben meinem Bett lagen eine Art Shorts und ein leichtes Sommerhemd. »*Für Schuhe und Socken hat man hier wohl keine Verwendung*«, dachte ich, zog die Klamotten an und machte mich barfuß auf den Weg aus der Hütte.

2

Mit meinem ersten Schritt aus der Hütte landete ich barfuß in traumhaftem Sand. In der Tat wären hier meine Sneaker fehl am Platz gewesen und ich genoss das Gefühl von feinem Sand zwischen meinen Zehen. Ich blinzelte in die aufgehende Morgensonne. Den Sonnenaufgang kannte ich sonst nur von meinem Wecker, der den Sonnenaufgang für mich nachahmte. Und aufgrund der strahlenden Helligkeit, die immer noch merklich in meinen Augen brannte, würde ich dazu tendieren, dass er das Original wohl nur eher mäßig abbilden konnte.

Ich atmete drei Mal tief ein und aus. Ein Ritual, das ich mir bereits früh in meinem Leben zur Gewohnheit gemacht hatte. Diese drei Atemzüge schafften es immer, mich zu beruhigen.

Ich ließ meinen Blick schweifen und konnte meinen Augen kaum glauben: Soweit mein Blick reichte, sah ich

Sand, Palmen, Meer und ein Inselparadies, das ich sonst nur von Postkarten kannte. Wen wundert's, da ich doch die letzten fünf Jahre nonstop mit meinem Studium beschäftigt war und nicht ein einziges Mal Urlaub gemacht hatte.

Rechts von mir sah ich einen kleinen Hügel, von dem ich bestimmt einen wunderbaren Ausblick haben würde. Diesen Ausblick wollte ich mir auf keinen Fall entgehen lassen und so machte ich mich auf den Weg. Mein Pfad führte mich an Bäumen und Farnen vorbei, die ich noch nie gesehen hatte. Die Pflanzen waren aus sattem Grün, die Blumen in den buntesten Farben und überall wuselten Käfer und andere Insekten umher und schienen einen Riesenspaß am Leben zu haben.

Und dann entdeckte ich einen Kolibri, der völlig bewegungslos in der Luft stand. So etwas kannte ich sonst nur von fernsteuerbaren Drohnen und geübten Drohnenfliegern. »Sensationell«, dachte ich und blieb ein paar Minuten stehen, um dem Schauspiel zuzusehen.

Als ich mich wieder von der Natur losreißen konnte, ging ich die letzten Meter auf den Hügel hinauf und erkannte dort eine Art natürlich geformte Liege. Ich ging näher hin und zuckte zusammen: Auf dieser Liege lag ein Mann.

Irgendwie hatte ich erwartet, allein auf dieser Insel zu sein. Was anhand der Hütte, in der ich aufgewacht bin, vom logischen Standpunkt eher unwahrscheinlich war. Trotzdem war ich überrascht, gerade jetzt auf einen Menschen zu treffen.

Ganz vorsichtig näherte ich mich der Liege mit dem Mann, da ich ihn nicht wecken wollte, falls er schlief. Und obwohl ich für meine Verhältnisse fast lautlos schlich, hörte mich der Mann anscheinend doch, denn er öffnete mit einem Ruck die Augen und begrüßte mich freundlich mit: »Hallo Hoa Pili Hou! Schön, dass du endlich da bist.«

»Schön, dass ich endlich da bin? Wie ist denn das gemeint?«, fragte ich mich, antwortete dann aber dem Mann, der mich immer noch so strahlend anlächelte. »Hi, ich bin Scott. Und wie heißt du? Es freut mich auch, dich kennenzulernen. Wo sind wir hier?«

»Immer eine Frage nach der anderen«, lachte der Mann, stand von seiner Liege auf und kam auf mich zu.

3

»Ich bin Tata und freue mich sehr, dich auf unserer Insel willkommen heißen zu dürfen. Reisende nennen unsere Insel: Ka Mokupuni 'ike. Bist du gut angekommen?«, fragte mich Tata.

»Wenn kopfüber von einer Brücke zu stürzen und das Gefühl zu haben, zu ertrinken, *gut* bedeutet, dann ja«, antwortete ich leicht verstimmt.

Doch Tatas schallendes Gelächter steckte mich an und ich konnte meine schlechte Laune nicht aufrechterhalten. Verblüffend, wie ansteckend gute Laune doch ist.

»Die Art und Weise, wie Reisende auf unserer Insel landen, überrascht mich immer wieder aufs Neue«, sagte Tata. »Aber du hast bestimmt jede Menge Fragen. Wie kann ich dir helfen?«

»Du würdest mir schonmal genug helfen, wenn du mir erklären könntest, wie ich in der Hütte am Fuß des Hügels gelandet bin und wo meine Klamotten sind«, sagte ich.

»Sehr gern. Ich habe dich gestern Abend am Strand gefunden, halb ertrunken und splitterfasernackt. Ich hielt es für eine gute Idee, dich erst einmal ausruhen zu lassen. Dafür habe ich dir meine Freizeithütte zur Verfügung gestellt und passende Kleidung in deiner Größe konnte ich auch noch auftreiben«, erzählte Tata, immer noch mit einem breiten Grinsen. »Ich war ein bisschen spät dran gestern Abend und war sehr froh, dass du am Strand auf mich gewartet hast.«

»*Ich soll am Strand auf ihn gewartet haben?*«, fragte ich mich im Stillen und stellte stattdessen folgende Frage: »Hast du mich etwa erwartet?«

»Dich: Nein. Einen Reisenden: Ja. Wir wissen nie so genau, wer uns besuchen kommt, allerdings ziemlich genau, wann es wieder soweit sein wird«, antwortete Tata.

Diese Antwort warf für mich mehr Fragen auf, als sie beantwortete. Ich beschloss, es vorerst dabei zu belassen und wollte später wieder auf dieses Thema zurückkommen.

»Wer ist *wir*?«, wollte ich von Tata wissen.

»Na, ich, meine Familie und mein Stamm«, strahlte mich Tata an. »Komm mit, ich möchte dir die wichtigsten Menschen in meinem Leben vorstellen.«

Und so machten wir uns auf den Weg in den Dschungel, weg von der Hütte, die mir heute als Nachtlager gedient hatte.

4

Während ich auf meinem kurzen Weg den Hügel hinauf schon gedacht hatte, dass der Dschungel hier wirklich lebendig war, wurde ich jetzt eines noch viel Besseren belehrt. Im Gegensatz zu dem Dschungel hier, war der vorherige nur eine kleine Lichtung. Überall, wo ich staunend hinsah, schwangen sich Affen von Ast zu Ast, flogen kunterbunte Vögel Pirouetten oder übten Schwärme von Schmetterlingen Kunstfluganordnungen.

»Hast du schon jemals die Natur so ausgelassen erlebt, wie an diesem Ort?«, fragte mich Tata.

Ich überlegte kurz, ob der Franklin Park Zoo da wohl mithalten konnte, verwarf den Gedanken aber direkt wieder. Tiere in Gehegen verhielten sich niemals wie ihre Artgenossen in Freiheit. »Nein, noch nie«, antwortete ich wahrheitsgemäß.

»Willst du den Grund dafür wissen?«, fragte Tata.

»Unbedingt«, antwortete ich.

»Diese Tiere hier leben ihre Bestimmung«, sagte Tata und es klang so einfach, so logisch. »Und sobald jemand seine Bestimmung lebt, blüht er oder sie völlig auf. Denkst du, dass auch nur eines der Tiere sich Gedanken darüber macht, was wohl du oder ich gerade über sie denken?«

»Nein, ganz bestimmt nicht«, antwortete ich. »*Als ob sich Tiere über so etwas Gedanken machen würden*«, fügte ich noch in Gedanken hinzu.

»Findest du es dann nicht auch erstaunlich, warum wir Menschen uns so oft Gedanken darüber machen, was andere über uns denken?«, fragte Tata.

»Von diesem Blickwinkel aus hatte ich das noch nie betrachtet«, gab ich zu. »Aber wie kann es ein Mensch schaffen, sich völlig frei von der Meinung anderer zu machen?«

»Das ist eine sehr gute Frage. Vor allem im Hinblick darauf, dass es die meisten Menschen verlernt haben, während es unsere tierischen Freunde uns doch Tag für Tag vorleben«, antwortete Tata. »Siehst du den großen Affen dort oben? Der sich gerade von Ast zu Ast schwingt und dabei einen lauten Schrei nach dem anderen loslässt?«

»Kaum zu überhören, der Gute«, gab ich schmunzelnd zu.

»Denkst du, dass er sich dafür interessiert, was wir beide oder irgendeiner seiner Artgenossen von ihm denken?«, fragte mich Tata.

»Sieht nicht so aus, als würde ihn das kümmern«, antwortete ich.

»Exakt. Er ist völlig bei sich selbst. Und was denkst du, hält uns Menschen davon ab, genauso frei sein zu können wie dieser Affe? Wozu benötigen wir Menschen immer die Bestätigung oder die Erlaubnis von anderen?«, fragte Tata.

»Keine Ahnung«, gab ich zu.

»Weil wir an uns selbst zweifeln. Wir sind nicht selbstbewusst genug, im Leben das zu tun, wonach sich unser Herz sehnt. Tiere kriegen das problemlos hin«, sagte Tata.

Tata wusste gar nicht, einen wie großen Nerv er da bei mir getroffen hatte.

Meine innere Zerrissenheit, die mich quälte.

Meine Entscheidung, die ich treffen musste.

Vielleicht konnte mir der Aufenthalt auf dieser geheimnisvollen Insel ja weiterhelfen…

5

Nachdem wir noch eine Weile in andächtiger Stille zusammen durch den Dschungel gewandert waren und ich aus dem Staunen gar nicht mehr herauskam, sagte Tata: »Gleich wirst du den Lieblingsort meiner beiden Söhne kennenlernen. Und ich bin mir sicher, sobald du ihn siehst, wirst du auch sofort verstehen, warum sie diesen Ort so sehr lieben.«

»Die Messlatte für meine Erwartungen ist hiermit zumindest schonmal sehr hoch angesetzt«, dachte ich für mich und war gespannt auf was nun kommen sollte.

Und Tata hatte wahrlich nicht zu viel versprochen: Der Dschungel lichtete sich und gab einen phänomenalen Blick auf einen kleinen See frei. Der See lag inmitten von riesigen Bäumen, geschmückt mit Lianen und Blumen in den buntesten Farben und es gab sogar einen Wasserfall. Dieser Ort fühlte sich so friedlich an, so fern von meiner Welt der Hektik und des Beschäftigtseins. Und als wir uns dem See näherten, wurden wir auch gleich von zwei Jungs entdeckt, die beide direkt aus dem Wasser sprangen und auf uns zurannten.

»Papa, Papa!«, riefen beide Jungs. Ich schaute zu Tata und sah das Strahlen in seinen Augen und das breite Lachen auf seinem Gesicht. *So muss sich wahre Liebe und echte Glückseligkeit anfühlen*«, dachte ich und notierte mir gedanklich, dass ich in meinem Lebensplan das Thema Kinder und den richtigen Zeitpunkt dafür noch einmal genauer betrachten sollte.

Die beiden Jungs hatten mittlerweile Tata erreicht und kletterten auf seinen Rücken und tollten auf ihm herum. Alle lachten und vergaßen in ihrem Spiel völlig die Welt um sich herum, mich inbegriffen.

Und dann sah ich noch jemanden: Eine wunderschöne Frau, die von der Stelle, an der die beiden Jungs gerade noch im Wasser waren, anmutigen Schrittes auf mich zukam. Mit jedem ihrer Schritte strahlte sie Gelassenheit und in sich ruhende Kraft aus.

»*Tatas Familienglück ist wirklich beeindruckend*«, dachte ich für mich.

6

»Schön dich kennenzulernen, ich bin Kiri«, sagte die bezaubernde Frau.

»Freut mich auch, ich bin Scott«, sagte ich und reichte ihr die Hand.

Ihr Händedruck war weich und kraftvoll zugleich. »Du hast uns aber ganz schön lange warten lassen«, sagte Kiri mit einem verschmitzten Lächeln.

»Um ehrlich zu sein, bin ich gar nicht wirklich sicher, wie ich überhaupt hierhergekommen bin. Ich erinnere mich nur noch an einen Fahrradunfall und an das Gefühl, fast zu ertrinken. Das Nächste, an das ich mich erinnern kann, war in einer kleinen Bambushütte aufzuwachen«, erzählte ich.

»Das ist die Freizeithütte von Tata«, sagte Kiri. »Wenn ihm der Trubel unserer Jungs einmal zu viel wird, geht er dorthin, um wieder einen klaren Kopf zu bekommen. Unsere Jungs nennen sie liebevoll seine *Stimmungswandelhütte*. Tata geht aufgewühlt hinein und kommt gelassen wieder raus. Praktisch, nicht wahr?«

»In der Tat eine sehr gute Sache. Wird Tata denn manchmal wütend? Auf mich macht er gar nicht den Eindruck, als könnte ihn irgendetwas aus seiner Mitte bekommen«, fragte ich Kiri aus purer Neugierde.

»Ja. Wer wird das denn nicht? Tata hat für sich eine hervorragende Möglichkeit gefunden, seinen Gefühlen dort freien Lauf zu lassen, sie zu fühlen und wieder ziehen zu lassen. Wenn er zurückkommt, ist er wieder völlig in seiner Mitte und ausgeglichen«, erzählte Kiri.

Da musste ich jetzt doch noch nachhaken, da es mich einfach interessierte: »Wirst du denn auch manchmal wütend?«

»Natürlich«, sagte Kiri und strahlte mich an. »Jedes Gefühl hat seine Berechtigung und will uns etwas sagen. Immer, wenn ich wütend werde, bemerke ich, dass etwas mit mir nicht stimmt. Es ist nicht die Welt um mich herum, mit der etwas nicht stimmt. Wenn es jemand oder etwas schafft, mich wütend zu machen, weiß ich, dass ich nicht mehr in meiner Mitte bin. Und wenn ich nicht mehr in meiner Mitte bin, weiß ich, dass *ich* etwas tun muss, um wieder in meine Balance zu kommen.«

»Ihr lasst all eure Gefühle also einfach zu?«, fragte ich erstaunt. »Mir wurde schon als Kind eingetrichtert, dass es nicht richtig ist, Gefühle, wie zum Beispiel Wut, zu fühlen. Ich habe daraus gelernt, dass etwas nicht mit mir stimmt, wenn ich wütend werde.«

»Ja, diese Einstellung vertreten leider viele. Was machst du, wenn du dich wütend fühlst?«, fragte mich Kiri.

»Ich verdränge dieses Gefühl. Ich lenke mich mit irgendetwas ab, stürze mich in die Arbeit oder sehe fern«, antwortete ich und begann mich zu hinterfragen, ob das wirklich eine so gute Lösung war, wie ich immer dachte.

»Und wie fühlst du dich dabei?«, fragte Kiri.

»Ich fühle gar nichts, ich funktioniere einfach nur«, antwortete ich.

»Und wie sieht es bei dir mit positiven Gefühlen aus? Kannst du dich unbändig freuen, wie es meine beiden Jungs gerade tun? Meine Söhne haben vor Freude über ihren Papa noch nicht einmal wahrgenommen, dass wir einen Besucher haben«, sagte Kiri mit einem strahlenden Lächeln auf ihren Lippen.

»Ich kann mich schon freuen. Aber in dem Ausmaß, wie ich es von deinen Kindern gerade sehe oder ich mich selbst als Kind gefreut habe, nicht mehr wirklich. Ich bin jetzt erwachsen«, antwortete ich.

7

»Scott, darf ich dir die drei wichtigsten Menschen in meinem Leben vorstellen?«, fragte mich Tata, nachdem er und seine Söhne sich fertig begrüßt hatten.

»Mit dem größten Vergnügen«, antwortete ich.

»Scott, das hier sind meine beiden Söhne, Ninni und Lui«, sagte Tata feierlich und zeigte auf die beiden Jungs. Da ich wenig Ahnung von Kindern hatte, würde ich sie mal irgendwo zwischen vier und acht Jahren eingruppieren. Ninni, der Ältere der beiden, war wohl ein paar Jahre älter als sein Bruder Lui.

»Es freut mich sehr, eure Bekanntschaft zu machen«, sagte ich und hielt beiden Jungs meine ausgestreckten Handflächen hin, um sie einschlagen zu lassen. Soviel wusste ich zumindest über Kinder. Das ließen sich die beiden nicht zweimal sagen und jeder schlug so fest ein, wie er nur konnte.

»*Kraft haben sie schonmal*«, dachte ich und merkte immer noch, wie meine Handflächen brannten.

»Hallo Hoa Pili Hou«, riefen beide und lachten mich an. »*Hallo kannte ich ja, aber was hatte dieses 'Hoa Pili Hou' zu bedeuten?*«, dachte ich und nahm mir fest vor, Tata oder Kiri eines Tages danach zu fragen.

»Und meine zauberhafte Frau Kiri hast du ja schon kennengelernt«, sagte Tata und strahlte seine Frau dabei an.

13

»Das habe ich und du hast eine ganz wundervolle Familie, Tata«, sagte ich.

»Und dabei sind wir noch gar nicht fertig mit der Vorstellungsrunde«, lachte Tata und pfiff.

Wie ein geölter Blitz schoss etwas auf uns zu, was nur ein Tier sein konnte. Anhand der roten Fellfarbe entfuhr es mir: »Vorsicht, ein Fuchs!«

Ninni und Lui kringelten sich vor Lachen und sagten gleichzeitig: »Das ist doch kein Fuchs, das ist unser Lio.«

»Hier ist unser jüngstes Familienmitglied, unser Hund Lio«, sagte Tata feierlich und streichelte dem Hund sein rötlich braunes Fell. Ich sah, wie der Hund die Streicheleinheiten genoss und danach kam er direkt auf mich zu, um herauszufinden, wer ich wohl war. Ich streichelte Lio und er wedelte nicht nur mit dem Schwanz, sondern mit dem ganzen Körper.

»Sie leben meinen Traum einer Familie: Glücklich verheiratet, zwei Kinder und ein Hund«, dachte ich erstaunt.

»Jetzt aber genug von uns, erzähl uns mehr von dir«, sagte Kiri und blickte mich erwartungsvoll an. Die Jungs hatten anscheinend genug gehört und gesehen und sprangen zurück ins Wasser. Kiri, Tata und ich setzten uns ins Gras am Ufer des wunderschönen Sees und ich begann zu erzählen…

8

»Wie schon erwähnt, ich heiße Scott, bin 24 Jahre alt und wohne in Cambridge, Massachusetts. Aufgewachsen bin ich in Albany, zusammen mit meinen Eltern und meinen beiden Geschwistern. Ich hatte eine wirklich schöne Kindheit und erinnere mich gerne daran, wie ich in meiner Jugend mit meinen beiden größeren Brüdern unterwegs war.

Für mein Studium bin ich vor fünf Jahren nach Cambridge gezogen, um dort angewandte Informatik zu studieren. Ich konnte mein Glück kaum fassen, als ich an der renommierten Universität Harvard angenommen wurde und glaube bis heute, dass ihnen da ein Fehler unterlaufen sein musste, als sie mich zum Studiengang zugelassen haben.

Die letzten fünf Jahre meines Lebens habe ich hart daran gearbeitet, mein Studium zu absolvieren und mich finanziell über Wasser zu halten. Meine Eltern haben ihr ganzes Leben geackert und ihr gesamtes Geld in die schulische Ausbildung von meinen Brüdern und mir gesteckt. So war ich seit dem Studium finanziell auf mich alleine gestellt.

Gerade vor zwei Wochen habe ich meine letzte Prüfung absolviert und stehe jetzt mit einem Universitätsabschluss mit Auszeichnung in der Tasche an einem entscheidenden Punkt in meinem Leben: Ich starte jetzt ins Berufsleben«, fasste ich die Geschichte meines Lebens kurz zusammen.

»Das klingt sehr spannend«, sagte Kiri. »Welcher Bereich deines Studiums hat dich am meisten interessiert?«

Da musste ich nicht lange nachdenken: »Robotik und künstliche Intelligenz. Mein bester Freund Neill und ich haben sogar an einem Wettbewerb zum Thema *'Mein eigener Roboter'* teilgenommen und den ersten Platz belegt.

Ich erinnere mich gerne an die langen Nächte zurück, an denen wir zusammen an unserem Roboter gebaut und programmiert haben.«

Scheinbar magisch angezogen vom Wort Roboter, kam der Größere der beiden Jungs aus dem Wasser und fragte: »Kann dein Roboter auch Buchstaben schreiben?«

»Nein, leider nicht«, antwortete ich. »Wieso willst du das wissen?«

»Schade«, sagte Ninni und grinste dabei. »Wenn er Buchstaben schreiben könnte, könnte er meine Hausaufgaben machen.«

Wir mussten alle lachen. »Du musst wissen, dass Ninni gerade in der Schule Lesen und Schreiben lernt. Er ist sehr talentiert. Und er ist sehr schlau. Deswegen sucht er immer nach Möglichkeiten, wie er das banale Üben überspringen kann«, erzählte Kiri.

9

»Du hast erwähnt, dass du an einem entscheidenden Punkt in deinem Leben stehst«, wiederholte Kiri meine Worte. »Hast du dir schon Gedanken darüber gemacht, wohin dich der Weg deines Lebens führen soll?«

»Ich habe zwei Möglichkeiten, die unterschiedlicher kaum sein könnten. Und doch kann ich mich einfach nicht zwischen ihnen entscheiden. Ich will einfach keine falsche Entscheidung treffen, die ich mein Leben lang bereuen würde«, antwortete ich.

»Was für Möglichkeiten siehst du?«, fragte mich Tata.

»Während meines Studiums habe ich bereits einige Praktika bei Spitzenunternehmen in der Informationstechnologie-Branche absolviert. Und eines dieser Unternehmen hat mir nach meinem letzten Praktikum eine Festanstellung als Softwareentwickler angeboten. Für unverschämt viel Geld. Ich würde dort in meinem ersten Jahr so viel verdienen, wie meine Eltern in meiner Kindheit in zehn Jahren verdient hatten. Dort müsste ich mir mein Leben lang keine Sorgen mehr machen, wie ich meine Miete bezahlen könnte«, erzählte ich.

»Und was ist die Alternative?«, wollte Kiri wissen.

»Die zweite Wahlmöglichkeit ist das Gründen eines eigenen Unternehmens mit meinem besten Freund Neill. Wir haben die Idee, unseren Roboter weiterzuentwickeln. Wir sehen jede Menge Möglichkeiten, wofür wir unseren Roboter hernehmen können, um der Menschheit einen Dienst zu erweisen. Ich träume davon, dass unser Roboter in der Chirurgie eingesetzt wird. Dort kann er die schwierigsten Schnitte mit Leichtigkeit übernehmen. Über seine überlegene Sensorik kann er viel präziser als jeder Mensch verschiedene Gewebearten unterscheiden und weiß somit exakt, wie tief und weit ein Schnitt gehen darf, um keine Organe zu verletzen. Das ist natürlich der Weg, der mit mehr Ungewissheit versehen ist«, endete ich.

»Ich weiß, welchen Weg ich wählen würde«, rief Ninni. »Und zwar den mit dem Roboter!«

Ich lächelte Ninni an und er und sein Bruder nahmen mich bei der Hand, um mir ihren See zu zeigen. Wir gingen zuallererst zum Wasserfall. Hinter dem Wasserfall gab es einen Weg an einer Felswand entlang, der in einer kleinen Höhle endete. Dort konnte man durch den Wasserfall hindurchsehen, wie durch einen Vorhang aus Wasser.

»Das ist unser Lieblingsplatz«, erzählte mir Lui. »Wir lieben das Rauschen des Wasserfalls.«

Das konnte ich sehr gut nachvollziehen, da der Ort wirklich traumhaft war.

»Und weißt du, was man von hier oben noch machen kann?«, fragte mich Ninni und nahm Anlauf. »Durch den Wasserfall ins Wasser springen«, rief Ninni und schon sprang er durch den Vorhang aus Wasser ins mindestens drei Meter unter uns liegende Wasserbecken.

Lui nahm mich bei der Hand und wir gingen zusammen zu Fuß runter ans Wasser. Das Wasser war türkisblau und absolut klar. Ein kleiner Bach führte aus dem Becken in den Dschungel. Im Becken selbst sahen wir bunte Fische schwimmen und gingen ins Wasser, das herrlich warm war. Die beiden Jungs spritzten mich nass und ich wehrte mich spielerisch. Ich war erstaunt, wie sehr ich die Zeit mit ihnen genoss.

Aus den Augenwinkeln sah ich Kiri und Tata am Ufer sitzen und sich unterhalten. Ihr Hund ganz selbstverständlich an ihrer Seite.

10

Das gemeinsame Planschen machte uns drei extrem hungrig. Deshalb zeigten mir die beiden Jungs, wie man sich im Dschungel einen Snack holen konnte: Es gab Kokosnuss à la Ninni und Lui.

Dafür kletterte Ninni geschickt wie ein Affe auf eine Kokospalme, indem er ein kurzes, zu einem Kreis zusammengebundenes Seil um seine Füße schwang und mit kurzen Sprüngen pfeilschnell die Palme hochhüpfte. Oben angekommen pflückte er ein paar Kokosnüsse und warf sie seinem Bruder zu, der sie sehr geschickt auffing.

»Wie bekommt ihr sie auf?«, wollte ich von den Jungs wissen.

»Mit dem Kopf«, sagte Lui und tippte sich an die Schläfe.

Wir gingen mit unseren Kokosnüssen auf eine kleine Anhöhe, die auf einer Seite abrupt endete. Nicht zu wissen, wie tief es an dieser Stelle herunter ging, rief meine Höhenangst auf den Plan. Ich näherte mich vorsichtig dem Abgrund und erkannte, dass es dort nur ungefähr zwei Meter nach unten ging und in felsigem Boden endete. Lui schnappte sich die erste Kokosnuss, und ließ sie in hohem Bogen über den Abgrund sausen. Unten zerschellte sie in ihre Einzelteile, die Nuss war geknackt.

Das machten wir mit all unseren Nüssen, bevor wir die Bruchstücke aufsammelten. Danach setzten wir uns mit unserer Beute wieder zu Kiri und Tata und ließen es uns alle schmecken.

»Seid ihr die einzigen Bewohner der ganzen Insel?«, wollte ich von Tata wissen.

»Nein, unser Stamm umfasst ungefähr 100 Männer, Frauen und Kinder. Die Hunde zähle ich jetzt mal nicht mit«, antwortete Tata. »Wenn du willst, stellen wir dir heute Nachmittag bereits die ersten Stammesmitglieder vor.«

»Sehr gern«, antwortete ich. »Wovon lebt ihr hier?«

»Wir leben von dem, was die Natur uns bietet. Einige von uns sind Fischer. Andere Bootsbauer, wie mein Schwager Miki. Und wieder andere sind Künstler. Manche können sogar wie Affen auf Kokospalmen klettern«, sagte Tata, biss genüsslich in ein Stück Kokosnuss und lächelte dabei liebevoll seine Söhne an. »Jeder von uns teilt, was er hat und so haben wir alle mehr als genug.«

»Diese Idee gefällt mir«, sagte ich. »In meiner Welt gibt es sehr wenige, die sehr viel besitzen. Dann sehr viele, die zumindest etwas besitzen. Und wieder viele, die kaum etwas besitzen.«

»Warum teilen diejenigen, die sehr viel besitzen, dann nicht einfach mit denen, die weniger besitzen?«, stellte Lui eine durchaus berechtigte Frage, die ich einem Kind in seinem Alter allerdings niemals zugetraut hätte. *»Kinder sehen die Welt einfach aus einer völlig anderen Perspektive«*, dachte ich.

»In meiner Welt ist das nicht üblich. Hier ist fast jeder nur darauf aus, seinen eigenen Reichtum zu vergrößern«, sagte ich.

»Aber was bringt es den Wenigen, wenn sie mehr haben, während andere kaum etwas besitzen?«, hakte nun Ninni ein.

»Diese beiden Kinder sind wirklich weit für ihr Alter«, dachte ich für mich. »Ich habe leider keine gute Antwort darauf«, gab ich offen zu. »In meiner Welt gibt es dieses

Zusammengehörigkeitsgefühl nicht, das ihr in eurem Stamm kennt. In meiner Welt heißt es, *jeder für sich.*«

11

Nach der Stärkung teilten wir uns auf: Tata machte sich mit seinen beiden Jungs und ihrem Hund auf den Weg zu ihrer Hütte, um das Mittagessen vorzubereiten. Mein Magen konnte es kaum erwarten, waren doch bereits die Kokosnüsse schon so lecker. Erst durch das Essen wurde mir bewusst, dass ich heute noch gar nichts gegessen hatte und mein Magen verlangte nach mehr.

Kiri bot an, mich mit ihrer jüngeren Schwester bekannt zu machen. Ein Angebot, das ich nicht ablehnen wollte. Und so machten wir beide uns auf den Weg.

»Wozu tendierst du bei der Entscheidung über deinen beruflichen Lebensweg?«, wollte Kiri wissen.

»Ich bin hin- und hergerissen. Während mich das Gründen unseres Startups und die Weiterentwicklung unseres Roboters brennend interessieren, habe ich doch Angst vor dem Risiko. Was ist, wenn wir mit unserer Idee scheitern?«, fragte ich.

»Darf ich dir eine Geschichte zum Thema Scheitern erzählen?«, fragte mich Kiri.

»Sehr gern«, antwortete ich neugierig.

Und Kiri erzählte mir *die Geschichte von dem Gott, der die Furcht vor dem Scheitern erfand*:

Vor langer Zeit lebte auf dieser Insel ein Gott. Er war der Gott des Sandes und des Meeres und ihm gehorchten die Ebbe und die Flut. Er liebte die Menschen auf dieser Insel und behütete sie gut, wenn sie auf dem Meer unterwegs waren.

Bis eines schicksalhaften Tages Piraten auf seine Insel kamen. Sie lebten davon, andere Seeleute auszurauben und ihnen ihre Fracht abzujagen. Der Gott missbilligte das und schickte die Flut, die die Boote der Seeräuber an den Felsen zerschellen ließ. Die Piraten machten sich auf, neue Boote zu bauen. Und da sie sehr geschickt mit Hammer und Säge waren, musste der Gott sich etwas einfallen lassen und das tat er auch.

Er sandte die Furcht in die Herzen der Piraten. Die Furcht davor, dass ihre Boote nicht gut genug gebaut sein würden und so den Stürmen nicht standhalten könnten. Und diese Furcht brachte die Piraten davon ab, weiter an ihren Booten zu bauen. Ohne zu wissen, ob ihre Boote jemals seetauglich gewesen wären, gaben sie es auf, aufs Meer hinauszufahren. Aus Furcht davor, dass ihre selbst gebauten Boote den Gezeiten nicht standhalten würden.

»Eine schöne Geschichte. Warum hast du mir sie erzählt?«, fragte ich Kiri.

»Was denkst du?«, fragte Kiri und grinste mich dabei an.

»Weil ich lieber kein Pirat werden sollte?«, scherzte ich.

»Niemand sollte Pirat werden. Aber was könntest du noch aus dieser Geschichte lernen?«, fragte mich Kiri.

»Du willst mir damit sagen, dass die Angst vor dem Scheitern eine Illusion ist?«, fragte ich diesmal ernsthaft und war gespannt auf Kiris Antwort.

»Richtig. Es gibt kein Scheitern. Kein Weg ist geradeaus. Es gibt immer Abzweigungen im Leben, die wir nicht vorhersehen können«, sagte Kiri und ergänzte: »Falls du dir ein paar Notizen machen willst, ich habe hier ein Notizbuch für dich.«

»Vielen Dank«, sagte ich, bestaunte das ökologisch einwandfrei gefertigte Notizbuch mitsamt Stift und setzte mich einen Moment, um mir etwas über das Scheitern zu notieren.

12

Es dauerte nicht lange, bis sich der dichte Dschungel lichtete und wir eine einzelne Hütte auf einer kleinen Lichtung erblickten. Das Häuschen ähnelte der Hütte, in der ich die Nacht verbracht hatte und hatte doch etwas ganz Individuelles an sich.

»Hier wohnt meine Schwester Isi«, sagte Kiri und machte eine feierliche Handbewegung. »Sie ist wirklich ein fantastischer Mensch und ich bin mir sicher, dass du sie mögen wirst.«

»Ich bin schon sehr gespannt«, antwortete ich.

Meinem Magen nach zu urteilen, und er irrte sich nur sehr selten, wenn es um Essen ging, war es ziemlich genau Mittag und ich hatte bis auf die Kokosnüsse noch nichts gegessen.

Kiri klopfte an die Tür der Hütte und rief dabei den Namen ihrer Schwester.

»Ich bin hier, Schwesterherz«, erklang es von hinter der Hütte. Wir gingen einmal um die Hütte herum und fanden Kiris Schwester in der Hängematte.

»Musst du mich immer so früh wecken?«, witzelte Kiris Schwester und aus der Hängematte schaute nur ihr Kopf heraus, da sie den Rest der Hängematte als Decke benutzte.

Kiri lachte und sagte: »Guten Morgen Isi. Ich will dir jemanden vorstellen: Isi, das ist Scott.«

»Guten Morgen Scott, es freut mich sehr, dich kennenzulernen«, sagte Isi zu mir.

»Die Freude ist ganz meinerseits, Isi«, antwortete ich. Isi räusperte sich. »Was ist denn?«, fragte ich.

»Dürfte ich wohl um etwas Privatsphäre bitten?«, fragte Isi und machte mit dem Kopf eine Bewegung in Richtung Hütte.

»Aber natürlich«, antwortete ich verlegen und wandte mich ab. Isi huschte aus der Hängematte in ihre Hütte und war keine zwei Minuten später mit einem leichten Kleid aus Farnen bekleidet wieder bei uns. Sie sah wirklich fantastisch aus: Sonnengebräunte Haut, mandelbraune Augen, eine Lockenpracht, die lang auf ihren Rücken fiel und ihr Auftreten strotze nur so vor Energie.

»Wozu bist du hier?«, traf mich Isis Frage völlig unvorbereitet, während ich noch fasziniert von ihrem Anblick war.

13

»Was meinst du mit *hier*?«, fragte ich leicht überrumpelt von dieser Frage.

»Du darfst dir sehr gerne aussuchen, womit du starten möchtest: Bei meiner Hütte, auf unserer Insel oder auf der Welt - was ist dir lieber?«, fragte Isi.

»Meine Schwester ist eher der direkte Typ«, erklärte mir Kiri mit einem breiten Grinsen.

»Das wäre mir jetzt gar nicht aufgefallen«, sagte ich und ergänzte: »Fangen wir mit deiner Hütte an: Deine Schwester meinte, dass ich dich unbedingt kennenlernen sollte.«

»Sehr gute Antwort«, grinste Isi. »Und vielen Dank, Schwesterherz, dass du mir diesmal unseren Besucher nicht vorenthältst.«

»*Was meint sie nur damit?*«, fragte ich mich, entschied aber, dass es wohl nicht so wichtig für unsere Unterhaltung war.

»Dann lass uns ein bisschen tiefer gehen: Wozu bist du auf unserer Insel?«, fragte mich Isi.

»Ich bin kopfüber in einen Fluss gefallen, hatte das Gefühl zu ertrinken und bin hier aufgewacht«, fasste ich kurz zusammen, wie ich hier gelandet war.

»Ich habe gefragt, *wozu* du auf dieser Insel bist, nicht *wie* du hierhergekommen bist. Wobei ich deine Geschichte schon ziemlich erheiternd finde«, sagte sie mit einem breiten Grinsen.

»*Nicht nur hübsch, sondern auch noch schlau und zu guter Letzt auch noch frech*«, dachte ich und sagte: »Den Part
mit dem Ertrinken fand ich nicht ganz so lustig.«

»Mit ein wenig Abstand wird auch dir dieser Teil deiner Geschichte bald so lustig erscheinen, wie mir bereits
heute. Aber zurück zu meiner Frage: Wozu bist du auf
unserer Insel?«, fragte Isi.

»Diese Frage stelle ich mir auch schon die ganze
Zeit«, erwiderte ich wahrheitsgemäß.

Kiri und Isi sahen sich ein paar Sekunden lang tief in
die Augen und dann fragte mich Isi: »Scott, meine
Schwester ist die Geduldige von uns beiden, ich komme
immer lieber direkt zum Punkt: Steht in deinem Leben
in nächster Zeit eine Veränderung an? Besucher kommen zu uns, wenn sie nicht wissen, welchen Weg sie einschlagen sollen oder wenn sie meinen, dass sie auf einem
falschen Pfad im Leben unterwegs sind.«

Und mit diesem Satz und Isis ganz eigenem Charme
wurde es mir auf einmal glasklar: *Ich war hier, da ich nicht
wusste, welchen Weg ich auf dem Pfad meines Lebens einschlagen sollte.*

14

»Na, dann werde ich euch beide mal alleine lassen«,
sagte Kiri und weg war sie. Der Gedanke, ganz allein mit
Isi zu sein, bereitete mir ein klein wenig Unbehagen.
*»Aber sind es nicht exakt diese Situationen, vor denen wir
Angst haben, die das größte Wachstumspotenzial für uns*

bereithalten?«, fragte ich mich noch in Gedanken, während Isis Stimme meinen inneren Monolog zerschnitt.

»Wie ist es jetzt bei dir? Stehst du an einem Scheidepunkt in deinem Leben, oder nicht?«, fragte sie mich in einem leicht ungeduldigen Tonfall.

»In der Tat. Ich habe gerade mein Studium abgeschlossen und stehe jetzt vor der Entscheidung, welche berufliche Richtung ich einschlagen möchte«, sagte ich.

»Und, wozu tendierst du?«, fragte mich Isi.

»Ich tendiere aktuell zum Weg der Sicherheit. Eine Festanstellung mit geregeltem Einkommen, festgelegten Arbeitszeiten und keinerlei Risiko. Das Gründen eines eigenen Unternehmens mit meinem besten Freund würde mich zwar von Herzen mehr reizen, aber ich habe einfach zu viel Angst vor der Ungewissheit«, antwortete ich.

»Ich erzähl dir jetzt mal eine Geschichte und ich hoffe sehr, dass damit dann alles klar für dich ist«, sagte Isi und ohne auf mögliche Einwände von mir zu warten, legte sie auch schon los:

Es waren einmal zwei Brüder. Beide genossen dieselben Studien desselben Meisters und beide schlossen ihre Studien zur vollsten Zufriedenheit ihres Meisters ab. Als es aber danach daran ging, das Gelernte in die Tat umzusetzen und daraus ihren Lebensunterhalt zu verdienen, trennten sich die Wege der Brüder.

Der Erste folgte dem Ruf des Geldes: Er entschloss sich für eine Anstellung am Hofe des Königs. Er wurde fürstlich belohnt, hatte absolute Sicherheit und war versorgt bis an sein

Lebensende. Einzig sein Beruf forderte ihn wenig und bereitete ihm kaum Freude.

Der zweite Bruder folgte dem Ruf seines Herzens: Er entschloss sich, seine Dienste jedem anzubieten, der eine spannende Herausforderung für ihn hatte. Die Entlohnung war zweitrangig. Für ihn gab es weder finanzielle Sicherheit, noch die Garantie, dass er jeden Monat etwas zu essen auf dem Tisch hatte. Dafür erfüllte ihn seine Arbeit und er stand jeden Morgen mit einem Lächeln auf den Lippen auf und machte sich frohen Mutes an seine Arbeit.

Nach 20 Jahren trafen die beiden Brüder ihren Meister wieder und er fragte jeden von ihnen, wie es ihnen in der Zwischenzeit ergangen war.

Der erste Bruder, immer noch in Anstellung beim König, antwortete: Äußerlich bin ich bestens versorgt, nur innerlich fühle ich mich leer. Ich habe mich für den Weg des Geldes entschieden, in der Hoffnung, dass mir materielle Sicherheit Glück und Erfüllung im Leben schenken könnte. Leider war dem nicht so. Der Gedanke, dass ich jeden Tag etwas tue, was mich nicht erfüllt, zerfrisst mich.

Der zweite Bruder aber antwortete: Ich kann dir zwar am Anfang des Monats nicht sagen, mit wie vielen Menschen ich zusammenarbeiten und wie viel ich verdienen werde, ich kann dir dafür aber sagen, dass ich jede Minute meiner Arbeit genießen werde, da ich mir selbst aussuche, mit wem und an welchen Themen ich arbeite. Meine Briefbörse mag zwar an manchen Tagen besser und an manchen Tagen schlechter gefüllt sein, mein Herz ist allerdings jeden Tag erfüllt.

15

»Ich kann zwar nicht behaupten, dass mit der Geschichte alles klar wäre, aber ich wusste zumindest, zu welcher Option mir Isi raten würde«, dachte ich.

»Vielen Dank für die Geschichte«, sagte ich zu Isi. »Welcher der beiden Brüder bist du?«

»Ich bin natürlich die weibliche Version des zweiten Bruders«, antwortete Isi mit einem schelmischen Grinsen.

Gerade als ich nachbohren wollte, was Isi denn genau mit ihrer Lebenszeit machte, kam ein geölter Blitz um Isis Hütte geschossen. Ein geölter, rotbrauner Blitz um genau zu sein.

»Lio«, rief Isi freudestrahlend und kraulte dem Hund die Ohren. Und wo Lio war, waren auch Tata und seine beiden Jungs nicht weit. Sie kamen ums Haus mit einer Art Ziehwagen im Anschlag, von dem es herrlich duftete. Ich sah gebratene Kartoffeln, Maisspieße und Stockbrot. Der herrliche Duft erinnerte meinen Magen daran, was gerade das Wichtigste war.

»Essenszeit«, rief Tata und wir setzten uns an einen Tisch unter Palmen und ließen es uns schmecken. Auch wenn die Speisen einfach anmuteten, so schmeckten sie einfach herrlich. *»Wie die ganz einfachen Dinge doch meistens die Besten sind im Leben«,* dachte ich für mich.

»Unser Gast ist noch hier, das heißt, du warst nett zu ihm, Isi?«, fragte Tata seine Schwägerin.

»Ich bin immer nett«, sagte Isi mit einem breiten Grinsen.

»Worüber habt ihr euch unterhalten?«, wollte Tata von mir wissen.

»Isi hat mir ihren Rat mitgegeben, für welche berufliche Option sie sich entscheiden würde«, antwortete ich. »Wie ist deine Meinung dazu, Tata?«

Tata überlegte eine Weile und stellte mir dann folgende Frage: »Scott, was ist dir wichtig im Leben?«

Diese Frage saß. Da wollte ich gerade von ihm eine Antwort auf meine Frage nach meiner Berufswahl beantwortet haben, da kam Tata ums Eck mit so einer essenziellen Frage an mich. »Ich bin an dieser Stelle ehrlich gesagt noch auf der Suche nach dem, was mir wichtig ist«, antwortete ich.

»Lass mich anders fragen: Was möchtest du mit deiner Lebenszeit machen? Etwas, das dich erfüllt?«

»Natürlich«, antwortete ich wie aus der Pistole geschossen. »*Was für eine einfache Frage*«, dachte ich.

»Bitte schön, hier hast du deine Antwort«, sagte Tata und grinste mich an.

Die Einfachheit dieser messerscharfen Logik verschlug mir glatt die Sprache.

16

Die restliche Essenszeit verbrachte ich in Gedanken darüber, was Tata gesagt hatte: »*Was möchtest du mit deiner Lebenszeit machen? Etwas, das dich erfüllt?*«

Konnte die Antwort auf meine Frage wirklich so einfach sein? Und wie kam es dann, dass laut Umfragen 80 Prozent aller Menschen einen Beruf ausübten, den sie nicht mochten? Nur des Geldes wegen? Aber konnte ich nicht auch Geld verdienen mit einer Tätigkeit, die mir Spaß machte und mich erfüllte?

Höchste Zeit, den Spieß umzudrehen und meine Gastgeber mit ein paar Fragen zu löchern. Irgendwo hatte ich einmal gelesen: »*Die Qualität der Fragen an dich selbst, bestimmt die Qualität deines Lebens.*« Mal sehen, ob nicht auch die Qualität der Fragen an meine Mitmenschen mir auf diesem Weg weiterhelfen konnte.

Tata alberte gerade mit seinen Söhnen herum, die immer Spaß miteinander zu haben schienen. Als die Jungs aufgegessen hatten, spielten sie mit Lio Stöckchen und alle drei tollten ausgelassen umher.

»Ich lass euch beide mal in Ruhe reden. Ich sehe deinem Gesicht an, dass du Tata ein paar tiefgehende Fragen stellen möchtest«, sagte Isi mit einem breiten Grinsen zu mir und ließ uns allein.

Tata sah mich herzlich an und wartete geduldig, bis ich die passenden Worte für meine Frage fand.

»Tata, was ist der Sinn des Lebens?«, fragte ich meinen Gastgeber.

»Du gehst aber gleich in die Vollen«, sagte Tata lachend und in keiner Weise abwertend. »Und du machst es damit genau richtig. Auf unserer Insel gibt es die Redewendung: *'Antworten gibt es nur auf die Fragen, die du auch stellst.'* Oft sind allerdings leider die Fragen, die wir tatsächlich stellen, noch nicht einmal Absicht.«

»*Klingt logisch*«, dachte ich.

»Darf ich dir eine Geschichte erzählen?«, fragte Tata.

»Sehr gerne«, antwortete ich und war gespannt auf das, was gleich kommen sollte:

Vor langer Zeit lebte eine kluge junge Frau. Sie war wissbegierig und lernbereit. Sie las viel und stellte viele Fragen. Am meisten interessierte sie die Frage, wozu sie auf dieser Welt sei. Deswegen stellte sie jedem, den sie traf, die Frage nach dem Sinn des Lebens.

Viele hatten darauf keine Antwort. Sie hatten sich noch nie mit diesem Thema beschäftigt. Sie waren so beschäftigt mit ihrem täglichen Leben, dass sie noch nie hinterfragt hatten, was der große Sinn hinter dem Ganzen war.

Es gab aber auch Ausnahmen, die ihr eine Antwort auf diese Frage gaben. Die Augen dieser Menschen leuchteten förmlich, als sie der jungen Frau vom Sinn des Lebens berichteten.

Allerdings, je mehr Antworten die kluge Frau zu hören bekam, desto verwirrter war sie. Jeder dieser Menschen erzählte ihr etwas völlig anderes. Der Sinn des Lebens des alten Mannes heute hatte nichts mit dem zu tun, was ihr die junge Frau gestern erzählt hatte. Und ihre Antwort hatte wiederum nichts mit dem zu tun, was sie am nächsten Tag als Antwort erhalten sollte.

Die junge Frau haderte mit ihrem Schicksal und wollte ihre Suche schon aufgeben, da es ihr hoffnungslos erschien.

Als sie sich gerade damit abfinden wollte, dass es den einen Sinn des Lebens gar nicht gab, traf sie auf eine sehr alte Frau, die in aller Seelenruhe auf einer Bank saß. Sie sah dieser Frau auf den ersten Blick an, dass sie das Rätsel des Lebens gelöst haben musste. Sie strahlte eine innere Ruhe und Anmut aus, die sie noch nie zuvor gesehen hatte. Die meisten Menschen, die sie zuvor getroffen hatte, hetzten durchs Leben. Scheinbar immer auf der Suche nach etwas. Diese Frau schien einfach nur angekommen zu sein.

Die alte Frau sah ihr liebevoll in die Augen und sagte: »Die Zeit deiner äußeren Reise ist jetzt zu Ende. Du hast auf deiner Reise viele gute Antworten gesammelt, was andere Menschen zu ihrem Sinn des Lebens gemacht haben. Setz dich zu mir und beginne deine innere Reise. Nutze die Ideen als Inspiration und finde für dich heraus, was du zum Sinn deines Lebens machen möchtest. «

Die kluge junge Frau setzte sich, schloss die Augen und begann zu lächeln.

17

Diese Geschichte musste ich erst einmal sacken lassen. Tata schien das auch zu bemerken, grinste mich an und sagte: »Genug Tiefgang für heute. Lass uns zu den Jungs gehen und unser Leben genießen. Und heute Abend gibt es noch ein großes Fest im Dorf.«

»Sehr gut, mein Kopf kann wirklich gerade eine Auszeit gebrauchen«, sagte ich und wir machten uns auf zu den beiden Jungs. Es beeindruckte mich sehr, wie liebevoll die beiden Brüder miteinander umgingen. Auch wenn sie einmal anderer Meinung waren, schafften sie es doch immer einen guten Weg für beide zu finden. Kiris und Tatas Gelassenheit und innere Ruhe schienen sich wohl auch auf ihre Kinder übertragen zu haben.

»Jungs, unser Gast möchte etwas spielen. Wer hat eine gute Idee?«, fragte Tata seine Söhne.

»Ich, ich, ich«, riefen beide Jungs wie aus einem Mund. Ninni ging zu seinem kleinen Bruder und flüsterte ihm etwas ins Ohr. Lui strahlte und sagte dann: »Lasst uns Lianenhangeln spielen!«

»Oh ja«, sagte Tata. »Das wird unseren Gast auf andere Gedanken bringen.«

Was meine Freunde von der Insel *Lianenhangeln* nannten, erinnerte mich sehr an einen Hindernisparcours. Die Strecke war nur mit einer Mischung aus Klettern, Geschick und Einsatz von Kraft zu meistern. Alles drei Fähigkeiten, in denen ich mich nicht wirklich weit vorne sah.

»Ich kann das nicht«, sagte ich zu meinen Gastgebern, »macht ihr ruhig und ich schaue euch dabei zu. Mir macht das nichts aus.«

»Lui, erinnerst du dich noch, als du noch nicht Fahrradfahren konntest?«, fragte Tata seinen Zweitgeborenen.

»Natürlich«, antwortete dieser, »und dann habe ich einfach so lange geübt, bis ich es konnte.«

Diese messerscharfe Logik schien mir einleuchtend zu sein. »*Wann habe ich nur so grundlegende Erkenntnisse aus meiner Kindheit vergessen?*«, fragte ich mich erstaunt.

»Na gut, ich bin dabei und gebe mein Bestes«, sagte ich und die drei freuten sich und klatschten mich ab.

»Mehr erwarten wir auch gar nicht von dir«, sagte Tata und lächelte mich freundlich an. Dann beugte er sich verschwörerisch zu mir herüber und flüsterte mir einen Satz ins Ohr, den ich niemals wieder vergessen sollte: »Wenn du immer dein Bestes gibst, gibt es niemals etwas zu bereuen.«

18

»Und los!«, gab Tata den Startschuss für seinen Erstgeborenen. Das ließ sich dieser nicht zweimal sagen und Ninni startete durch. Vom Startpunkt galt es, sich über Lianen auf Pfähle zu schwingen und Ninni tat das sehr geschickt, bis er auf einer großen Plattform aus Holz ankam. Von dort aus kletterte er über ein Seil in schwindelerregende Höhen. Gut, da ich mit Höhenangst zu kämpfen hatte, seitdem ich mich erinnern konnte, wäre *schwindelerregend* für andere an dieser Stelle vielleicht ein wenig übertrieben, aber es waren sicher gut und gerne drei Meter, die es bei einem Sturz in die Tiefe ginge.

Oben angekommen gab es eine *Dschungelseilrutsche*. Ninni schnappte sich eine Art Matte und legte sie links und rechts über das gespannte Seil der Seilrutsche, griff mit beiden Armen fest zu, zog die Beine an und weg war er. Er sauste sicher 20 Meter quer durch den Dschungel und schrie dabei vor Freude. »*Was für eine unbeschwerte Kindheit*«, dachte ich.

»Und jetzt du«, sagte Tata zu mir und ich merkte, wie sich mein Magen verkrampfte. Höhen waren einfach nicht mein Ding.

»Und keine Sorge, ich stelle dir einen hervorragenden Lehrer zur Seite«, grinste Tata und zeigte freudestrahlend auf Lui.

»Ich helfe dir«, sagte dieser ganz selbstverständlich und nahm mich bei der Hand. Und in der Tat: Diese kleine, herzzerreißende Geste des Jungen ließ mich meine Angst für diesen Moment vergessen, denn ich war ja jetzt nicht mehr alleine. »*Let's go for it!*«, dachte ich, nahm mir ein Herz und machte mich auf den Weg in meine Angst.

»Bei dem ersten Hindernis ist es wichtig, dass du den richtigen Zeitpunkt für den Absprung erwischt«, sagte Lui und machte es mir bei dem ersten Pfahl vor. »Das schaffst du«, machte er mir Mut und ich war einfach nur begeistert von der Empathie von diesem Jungen.

Wir kamen beide sicher auf der Plattform an. Da es jetzt aber ans Klettern und an meine Höhenangst ging, meldeten sich meine ursprünglichen Bedenken zurück.

»Ich weiß wirklich nicht, ob das so eine gute Idee für mich ist, da hochzuklettern. Geh du ruhig alleine, ich schau dir von hier aus zu«, sagte ich in der Hoffnung, dass sich Lui darauf einlassen würde.

»Komm schon, Glück ist eine Überwindungsprämie«, rief uns Ninni von unten zu, der gerade den Weg zurückgerannt kam.

»Was meinst du mit *Überwindungsprämie*?«, fragte ich, da mich dieser Begriff gerade überforderte.

»Jedes Mal, wenn du dich in einer Situation überwindest, in der du Angst hast, bekommst du danach als Prämie Glück geschenkt: Du bist stolz auf dich und du fühlst dich einfach großartig«, sagte Ninni.

Das klang zwar einleuchtend, half mir aber leider nicht mit meiner Höhenangst weiter. »Ich trau mich aber nicht!«, rief ich nach unten.

Tata schwang sich geschickt zu uns herüber, da er merkte, dass ich seelischen Beistand benötigte.

»Was könnte denn im schlimmsten anzunehmenden Fall passieren?«, fragte mich Tata.

»Ich könnte herunterfallen«, antwortete ich auf die Frage, deren Antwort mir recht offensichtlich erschien.

»Und dann?«, fragte Tata.

»Was und dann? Dann tue ich mir weh«, sagte ich.

»Aha. Und wirst du daran sterben oder dir ein Bein brechen?«, fragte mich Tata.

»In 99,9 Prozent aller Fälle nicht, da es nicht besonders hoch ist«, antwortete ich.

»Richtig. Ich lasse hier meine Jungs alleine klettern und ihre Erfahrungen machen, da es eine überschaubare Gefahr birgt. Ja, sie können sich wehtun. Sie können sich die Knie aufschürfen. Sie können auch aus ein paar Metern Höhe auf den Boden fallen. Aber ich traue ihnen das zu und nur so können sie sich weiterentwickeln. Dir traue ich das, nebenbei erwähnt, auch zu, Scott«, sagte Tata mit einem breiten Grinsen.

»Na gut, ich mach's«, antwortete ich und merkte sofort, wie ich feuchte Hände bekam.

»Wir sind alle bei dir und helfen dir, falls etwas passieren sollte. Und noch ein Tipp: Je schneller du ins Handeln kommst, desto weniger Angst wirst du haben. Zögern und Hin- und Herüberlegen gibt deiner Angst die Chance, zu wachsen«, sagte Tata.

Da ich der Meinung war, dass meine Angst schon groß genug war, machte ich mich direkt auf den Weg und kletterte das Seil hoch. Als ich oben war, feuerten mich alle drei an und Lui zeigte mir, wie ich die Matte am besten halten sollte, damit ich nicht herunterfiel.

Ich nahm all meinen Mut zusammen und schwang mich auf die Seilbahn.

19

»Wie fühlst du dich jetzt, nachdem du deine Angst überwunden hast?«, fragte mich Ninni, als wir uns alle wieder am Start des Parcours trafen.

»Sensationell gut«, war meine Antwort und ich war sichtlich stolz auf mich, dass ich mich tatsächlich dazu durchgerungen und meine Angst überwunden hatte.

»Dann wirst du dich jetzt immer an die *Überwindungsprämie* erinnern«, sagte Tata lachend und schlug mir freundschaftlich auf den Rücken. »Bist du bereit für das große Fest?«

»Wenn ich ganz ehrlich bin, fühle ich mich in großen Menschenmengen unwohl. Vor allem, wenn ich niemanden kenne«, antwortete ich.

»Na, ein paar kennst du ja schon«, zwinkerte mir Tata zu.

»Ok, ich fühle mich unwohl in mir ungewohnten Umgebungen«, korrigierte ich meine Aussage.

»Hast du Lust auf eine weitere *Überwindungsprämie*?«, fragte mich Tata mit seinem breitesten Grinsen.

»Von dieser Perspektive aus kann man das natürlich auch sehen«, dachte ich. »Also gut, gehen wir es an«, sagte ich im Brustton der Überzeugung, bereit, ein zweites Mal über meine Grenzen hinauszuwachsen.

»Das ist genau die richtige Einstellung fürs Leben«, sagte Tata und wir machten uns auf den Weg.

Es dauerte keine fünf Minuten, bis wir im Dorf angekommen waren. Das Dorf bestand aus um die 20 Hütten, die allesamt ihren ganz eigenen Charme und Charakter besaßen. Einige waren ebenerdig gebaut, andere auf Stelzen, wiederum andere bestanden aus mehreren Geschossen. Mir gefiel das Dorf auf Anhieb und die Hütten spiegelten wohl die Einzigartigkeit eines jeden Einwohners wider. *»Was für ein Kontrast zu dem Einheitsbrei, den ich kenne«*, dachte ich.

Nachdem ich eine ganze Zeit lang meinen Blick von den Besonderheiten der Hütten gar nicht abwenden konnte, fiel mir auf, dass ich gar keine Menschen sah. »Wo sind denn alle?«, wollte ich wissen.

»Das Fest ist bereits im Gange«, sagte Tata. »Auf unserer Insel haben wir die Gewohnheit, dass wir uns nicht mit Warten aufhalten. Wenn wir etwas machen wollen, dann legen wir los. Wenn wir Gäste erwarten und sie kommen etwas später, dann ärgern wir uns darüber nicht. Wir fangen einfach an und freuen uns dann, wenn die Gäste zu uns stoßen. Komm mit, ich zeige dir unseren Festplatz.«

20

Direkt hinter den letzten Hütten des Dorfes ging es eine kleine Anhöhe hinauf. Jetzt hörten wir auch Stimmen und Musik lag in der Luft, leise Trommeln und Gesang. Auch wenn ich mich oft unwohl unter Menschen fühlte, siegte hier doch meine Neugierde. Ich war gespannt, wie ein Fest auf dieser Insel wohl aussehen und wie die Inselbewohner feiern würden.

Was ich dann erblickte, raubte mir für einige Sekunden den Atem. Die Anhöhe wurde auf drei Seiten von massiven Felsen umrahmt. Oben auf dem Rand des Steinbruchs waren brennende Fackeln angebracht. Es fing langsam an zu dämmern und die Fackeln strahlten eine Ursprünglichkeit aus, die ich so noch nie zuvor gesehen hatte. Die flammende Beleuchtung war aber nur die Krönung des Ganzen.

Auf dem Plateau selbst waren Tische und Bänke und vor allem jede Menge Leute. Alle lachten und unterhielten sich. Sie waren alle wie Kiri, Tata und ihre Jungs gekleidet. Die Männer in kurzen Hosen und oft mit freiem Oberkörper. Die meisten Frauen mit einer Art Rock, je nach Lust und Laune kürzer oder länger. Es gab aber auch Frauen mit kurzen Hosen. Dazu die unterschiedlichsten luftigen Oberteile. »*So würde ich mir die Ureinwohner Hawaiis vorstellen, alle strahlen eine bezaubernde Ursprünglichkeit und Natürlichkeit aus*«, dachte ich.

Das ganze Ambiente sah fantastisch aus: Auf den Felsen die Fackeln, dann kamen die steilen Steinwände, am Boden Natur pur mit Blumen, Pflanzen und Farnen, die jeden botanischen Garten, den ich jemals gesehen hatte, in den Schatten stellten. Die Tische waren mit Blumen geschmückt und man sah diesen Menschen einfach an, mit wie viel Liebe und Lebensfreude sie dieses Fest vorbereitet hatten.

»Komm mit, ich möchte dir jemanden vorstellen«, sagte Tata und bedeutete mir ihm zu folgen.

»Das ist Nanna Nuri«, sagte Tata feierlich, als wir vor einer Frau im besten Alter stehen blieben, die gerade ausgelassen zur Musik tanzte.

Nanna Nuri unterbrach ihren Tanz und blickte mich mit so freundlichen und mitfühlenden Augen an, dass ich sie direkt anlächeln musste. Manche Menschen haben einfach das gewisse Etwas an sich, wodurch sie direkt mitbestimmen, wie andere Menschen auf sie reagieren.

»Hallo Hoa Pili Hou«, sagte Nanna Nuri. »Es ist mir eine große Freude, dich kennenzulernen.«

»Hallo Nanna Nuri, die Freude ist ganz meinerseits«, antwortete ich.

»Komm, tanz mit uns«, lud mich Nanna Nuri ein.

»Ich kann nicht tanzen«, antwortete ich.

Nanna Nuri hatte ein glockenhelles Lachen und ich kam mir in diesem Moment kein bisschen ausgelacht vor, wie ich mir sonst oft bei anderen Menschen vorkam.

»Tanzen kann man nicht nicht können. Jeder bewegt sich anders zur Musik. Jedem gefällt etwas anderes. Jeder tanzt, wie es ihm gefällt«, sagte Nanna Nuri.

»Ich kann wirklich nicht tanzen. Immer, wenn ich es versucht habe, hatte ich das Gefühl, dass die Menschen, die hinter mir stehen, mich bestimmt auslachen, weil sie merken, dass ich nicht tanzen kann«, sagte ich.

Nanna Nuri schenkte mir ihr liebevolles Lächeln und nickte verständnisvoll. »Ihr jungen Leute macht euch immer so viele Gedanken darüber, was andere Menschen wohl über euch denken. Aber weißt du was? Ihr vergesst dabei vollkommen, dass auch diese Menschen ihr eigenes Leben haben. Mit ihren eigenen Herausforderungen und ihren eigenen Unsicherheiten. Was denkst du, wie viele Menschen wohl komplett mit sich selbst, ihren Fähigkeiten, ihrem Aussehen und ihrem Charakter zufrieden sind?«, fragte mich die ältere Dame.

»Hm, sollte sie damit recht haben? Sollte ich nicht der Einzige sein, der Zweifel an sich und seinen Fähigkeiten hat?«, dachte ich für mich.

»Ich habe ein paar hervorragende Lehrmeister für dich«, strahlte mich Nanna Nuri an und ich sah, wie sie Ninni und Lui zu uns herüberwinkte. »Von Kindern können wir uns viel mehr abschauen, als wir jemals bereit wären zuzugeben«, sagte Nanna Nuri und zwinkerte mir zu.

21

Ninni und Lui nahmen mich bei der Hand und hüpften ausgelassen umher. Ich konnte nicht anders, als einfach mitzumachen. Ich blendete die Gedanken, was wohl andere in diesem Moment über mich denken könnten, einfach aus und war vollkommen im Hier und Jetzt.

Zusammen mit diesen beiden Kindern, denen ihre Freude am Leben direkt anzusehen war.

Ich war erstaunt, wie leicht es mir doch gefallen war, als die beiden mich an die Hand genommen hatten. Alleine hätte ich mich niemals durchgerungen zu tanzen, aber mit meinen beiden Lehrmeistern war es auf einmal ganz einfach.

»Siehst du, du kannst doch tanzen«, sagte Nanna Nuri, als sie wieder auf mich zukam.

»Tanzen würde ich es nicht unbedingt nennen, aber es hat mir in der Tat viel Spaß gemacht«, antwortete ich mit einem Lächeln.

»Es spielt keine Rolle, ob du es nun tanzen nennst oder nicht. Es geht dabei einzig um die Erlaubnis, die du dir selbst gibst, Dinge zu tun oder nicht zu tun«, sagte Nanna Nuri.

Ich stellte mir die Frage, ob es da nicht noch so ein paar andere Lebensbereiche in meinem Leben gab, die ich mir selbst versagte, mit der Begründung, dass ich es nicht gut genug konnte.

»Darf ich dir eine Geschichte erzählen?«, fragte mich Nanna Nuri.

»Ich liebe Geschichten«, antwortete ich wahrheitsgemäß und war schon ganz gespannt auf das, was nun kommen sollte.

Und Nanna Nuri erzählte mir *die Geschichte von dem Mann, der sich nicht mehr dafür interessierte, was andere wohl über ihn denken würden:*

Es war einmal ein junger Mann, der sich bei allem, was er tat und bei allem, was er nicht tat, immer die Frage stellte, was wohl seine Mitmenschen von ihm halten würden. Wenn er einmal vergaß, seine Haare zu kämmen, überlegte er sich, für welch einen vergesslichen Menschen seine Mitmenschen ihn wohl halten mussten. Wenn er einmal nicht daran dachte, seine Wäsche abzuhängen, bevor es zu regnen begann, überlegte er sich, was wohl seine Nachbarn von ihm halten würden. Kam er einmal nicht rechtzeitig aus dem Haus und verpasste dadurch seinen Bus, überlegte er sich, was wohl die Menschen im Bus von ihm denken mussten.

So ging es tagein und tagaus. Jeden Tag war der junge Mann gedanklich mehr bei seinen Mitmenschen und was sie wohl über ihn denken mochten, als bei sich selbst. Sein ganzes Leben passte er an die Frage an, wie er wohl sein Leben leben sollte, damit seine Mitmenschen mit ihm zufrieden wären.

Bis eines magischen Morgens etwas anders war in seinem Leben. Als er am Morgen vergaß, seine Haare zu kämmen und in den Spiegel sah, sagte er sich: »Sieht eigentlich ganz gut aus. So gehe ich heute aus dem Haus.« Als er seinen Bus verpasste, weil er auf seinem Weg ein paar Minuten eine Katze gestreichelt hatte, dachte er sich: »Passiert. Dann nutze ich die Zeit, in der ich auf den nächsten Bus warte, einfach sinnvoll und gehe noch eine Runde spazieren.« Und als er zu guter Letzt noch am Nachmittag seine Wäsche in den Garten hängte und vergaß sie abzuhängen, bevor es zu regnen begann, sagte er zu sich: »Macht nichts, das kann jedem passieren.«

Und er merkte, wie die Last, die er sich all die Jahre selbst auf seine Schultern geladen hatte, mit einem Mal von ihm abgefallen war. Die imaginären Erwartungen, die andere

Menschen angeblich an ihn hatten, waren mit einem Mal nicht mehr vorhanden. Von nun an dachte er keinen Moment mehr darüber nach, was wohl seine Mitmenschen über ihn denken mochten, sondern kümmerte sich nur noch darum, was er selbst über sich dachte.

In dieser Nacht hatte er die wenig hilfreiche und dennoch weit verbreitete menschliche Besonderheit verloren, das ganze Leben darüber nachzudenken, ob denn jeder andere mit der eigenen Lebensweise einverstanden wäre. Und die weniger verbreitete und doch so viel wertvollere Einsicht erlangt, dass es nur einen einzigen Menschen gibt, der mit seiner eigenen Lebensweise im Reinen sein muss: Er selbst.

22

»Und weißt du, was das Tragischste daran ist, wenn wir unser Leben nach dem ausrichten, was unsere Mitmenschen wohl über uns denken?«, fragte mich Nanna Nuri.

»Was denn?«, wollte ich wissen.

»Wir glauben immer, dass sich andere Menschen so viele Gedanken über uns machen, als hätten sie kein eigenes Leben. Dabei sind die meisten Menschen vollends mit ihrem eigenen Leben beschäftigt und kriegen nur am Rande mit, was um sie herum überhaupt geschieht. Jeder Mensch ist die Hauptfigur seines eigenen Lebens«, sagte Nanna Nuri.

»Sollte ich wohl auch zu viel meiner Zeit und Aufmerksamkeit darauf verwendet haben, was andere Menschen möglicherweise über mich denken?«, fragte ich mich. Nanna Nuris Worte machten mich nachdenklich und ich

beschloss, mich ein wenig vom Fest zurückzuziehen, um mit meinen Gedanken allein zu sein.

»Hey Scott!«, hörte ich da eine Stimme, die ich heute schon einmal gehört hatte. Ich drehte mich um und sah Isi mit ihrem für sie typischen Grinsen auf den Lippen.

»Hi Isi, schön dich zu sehen«, antwortete ich, da ich mich wirklich freute, sie wiederzusehen.

»Wie gefällt dir unser kleines Fest dir zu Ehren?«, fragte Isi.

»Mir zu Ehren?«, fragte ich erstaunt.

»Tata hat es dir also gar nicht gesagt«, lachte Isi. »Das sieht ihm mal wieder ähnlich, er wollte dich bestimmt nicht in Verlegenheit bringen.«

»Wieso veranstaltet ihr für mich so ein riesiges Fest?«, wollte ich von Isi wissen.

»Bild dir darauf bloß nichts ein, das veranstalten wir für jeden Besucher aus deiner Welt«, sagte Isi.

»*Besucher aus meiner Welt*«, sprach ich in Gedanken nach, was Isi sagte. Anstatt aber die offensichtliche Frage zu stellen, was sie damit meinte, kam mir ein anderer, für mich viel wichtigerer Gedanke.

»Isi, wie schaffe ich es, das Leben mit so einer Leichtigkeit zu nehmen, wie du es tust?«, fragte ich.

»Du gefällst mir«, sagte Isi und grinste mich an. »Endlich mal einer, der die richtigen Fragen stellt. Ich erzähl dir mal eine Geschichte dazu.«

Und Isi begann zu erzählen:

Vor langer Zeit befuhr ein Kapitän die sieben Weltmeere. Sein Schiff galt als unsinkbar, da es selbst die verheerendsten

Stürme schadlos überstand. Doch obwohl das Schiff unsinkbar war, kam es nur sehr schleppend voran. Irgendetwas schien es am Vorankommen zu hindern. Der Kapitän war ratlos und ließ das komplette Schiff durchsuchen.

Hatten sie zu viel Ladung aufgenommen?

Daran lag es nicht.

Waren die Segel zu löchrig und ließen zu viel Luft durch?

Daran lag es auch nicht.

Hatte der Steuermann den falschen Kurs?

Daran lag es auch nicht.

Der Kapitän stand vor einem Rätsel. Woran lag es nur, dass sein Schiff so schleppend vorankam?

Und dann, eines schönen Tages, als der Kapitän beschloss, einen unplanmäßigen Zwischenstopp auf einer wunderschönen Insel einzulegen, bemerkte der Kapitän den Fehler im System. Er rief dem Ankermatrosen zu, dass sie ankern sollten. Dieser antwortete ihm: »Nicht möglich, Sir.«

»Du wirst sofort den Anker setzen, sonst werde ich dich kielholen lassen«, wiederholte der Kapitän seinen Befehl und wurde ungehalten.

Doch der Ankermatrose wiederholte: »Nicht möglich, Sir.«

»Warum nicht, Matrose?«, fragte der Kapitän.

»Weil unser Anker schon die ganze Zeit gesetzt ist«, antwortete der Matrose.

Nun ging dem Kapitän ein Licht auf. Mit gesetztem Anker fährt es sich logischerweise langsamer, wenn man denn überhaupt vorankommt.

»Wer hat dir den Befehl gegeben, den Anker zu setzen?«, fragte der Kapitän wutentbrannt den Matrosen.

»Sie, Sir«, antwortete dieser.

»Ich? Warum sollte ich denn so etwas tun?«, fragte der Kapitän ehrlich erstaunt.

»Sie haben gesagt, mit gesetztem Anker wären wir immer auf der sicheren Seite, Sir.«

»Verstehst du, was ich dir damit mitteilen möchte?«, diesmal grinste Isi nicht, sondern schaute mich ernst an.

Ich überlegte eine ganze Weile und antwortete dann: »Du willst mir mit dieser Geschichte sagen, dass es keine gute Idee ist, immer auf Nummer sicher gehen zu wollen im Leben?«

»Das Leben ist immer mit Risiko verbunden«, sagte Isi. »Das Leben ist wie ein reißender Fluss. Und die meisten Menschen klammern sich zwanghaft am Ufer fest, um bloß nicht mitgerissen zu werden. Das kostet sie sehr viel Kraft, denn sie stellen sich gegen die Natur. Sie wollen sich mit aller Kraft an dem festhalten, was gerade ist und was sie gerade haben. Sie wissen gar nicht, dass das Leben viel leichter wäre, wenn sie das Ufer loslassen und sich vom Fluss mitreißen lassen würden. Ja, sie werden definitiv dabei nass und es werden auch Stromschnellen dabei sein. Und dennoch ist es so viel erfüllender, als sich die ganze Zeit nur am Ufer festzuklammern.

Das Leben bedeutet ständige Veränderung, genau wie ein Fluss, der fließt. Setz nicht deinen Anker und sabotier dich dadurch selbst, sondern lass dich auf das Leben ein«, sagte Isi.

»So hatte ich das Leben noch nie betrachtet«, antwortete ich.

»Sabotierst du dich selbst, Scott?«, fragte Isi.

»Warum sollte ich mich denn selbst sabotieren?«, fragte ich zurück.

»Weil wir Menschen das unbewusst jeden Tag machen. Wir halten uns selbst von unserem Glück, von unserer Leichtigkeit und von unserer Erfüllung ab. Bis zu dem alles entscheidenden Tag, an dem wir uns bewusst darüber werden, dass wir es sind, die schuld daran sind. Ab diesem Moment können wir jeden Tag frei entscheiden, wie glücklich und wie erfüllt wir sein und mit wie viel Leichtigkeit wir durchs Leben gehen wollen.«

23

Ich ging zusammen mit Isi zum Fest zurück. Kiri war mittlerweile auch eingetroffen und ich sah sie, wie sie mit Tata tanzte. Ihre beiden Jungs, mitsamt Hund, waren auch nicht weit und sie gaben ein herrliches Bild ab: Ein Traum von einer Familie.

»Du hast mir gar nicht erzählt, dass dieses ganze Fest nur für mich veranstaltet wird«, sagte ich zu Tata.

»Du hast mich nie gefragt«, antwortete Tata mit seinem breitesten Grinsen. »Und Antworten kriegen wir im Leben nur auf Fragen, die wir auch stellen.«

»*Wenn das so ist*«, dachte ich und überlegte mir eine passende Frage für Tata. »Was ist das Geheimnis eures Liebesglücks?«

»Ich würde hier nicht von einem Geheimnis sprechen», sagte Tata. »Aber wir haben für uns ein paar Methoden herausgefunden, die uns unser Zusammenleben wesentlich erleichtern. Und umso leichter und natürlicher unser Umgang miteinander ist, desto glücklicher sind wir auch.«

»Verrätst du mir eure Methoden?«, fragte ich neugierig.

»Natürlich«, strahlte Tata. »Ein sehr wichtiger Aspekt für uns ist Harmonie. Jeder ist mal unachtsam, schlecht gelaunt oder reagiert nicht so liebevoll, wie er das gerne täte. Ich kenne mich damit aus. Mich plagt danach immer das schlechte Gewissen und ich fühle mich in meiner Haut gar nicht wohl. Ich fühle mich einfach nur mies und mache mir Vorwürfe, dass ich mich so verhalten habe, gegenüber den Menschen, die ich doch am meisten liebe. Kiri geht es da genauso, auch wenn sie wesentlich seltener als ich einen Grund dafür hat.

Um uns gegenseitig diese schlechten Gefühle zu nehmen, planen wir jeden Abend 15 Minuten Zeit ein, um miteinander zu reden und uns zu vergeben, uns gegenseitig und auch uns selbst. Wir vergeben uns jeden kleinen und jeden großen Fehler des Tages. Wir sind alle Menschen, wir alle machen Fehler. Und in Vergebung liegt die wahre Größe.

Wir gehen so niemals im Streit zu Bett oder sind nachtragend. Am Ende des Tages wird alles, was heute noch nicht so gut geklappt hat, einfach weggewischt. Du kannst dir nicht vorstellen, wie schön das Gefühl ist, im Reinen miteinander den Tag zu beenden. Es gibt nichts zu bereuen. Es ist unnötig, sich selbst Vorwürfe zu machen und am nächsten Tag haben wir wieder eine neue Chance, es besser zu machen. Völlig unbelastet von dem, was gestern war.«

»Ein interessanter Weg«, sagte ich und fragte neugierig: »Habt ihr noch weitere Methoden?«

24

»Ich für meinen Teil habe gelernt, loszulassen. Früher war ich sehr perfektionistisch veranlagt. Alles was ich tat, musste zu 100 Prozent meinen Erwartungen entsprechen. Du kannst dir vorstellen, dass dies nie der Fall war. Irgendetwas gab es immer zu verbessern. Das brachte mich häufig an den Punkt, dass ich neue Projekte schon gar nicht mehr beginnen wollte, da ich von Anfang an wusste, dass ich meinen sehr hohen Erwartungen sowieso niemals gerecht werden konnte. Das lähmte mich für lange Zeit.

Und dann, eines magischen Tages, als Ninni das Licht der Welt erblickte, begann ich damit, die Welt aus einem neuen Blickwinkel zu sehen. Von diesem Tag an konkurrierte alles, was ich tat, mit der Zeit, die ich mit meinem Sohn verbringen wollte.

Seitdem stelle ich mir immer die Frage bei allem, was ich tue: *'Ist es gut genug?'*. Und wenn ich das für mich mit *Ja* beantworten kann, dann belasse ich es dabei. Meistens sind es gerade einmal 90 oder 95 Prozent der Erwartungen, die ich früher an mich gestellt hatte.

Und willst du wissen, was das Beste daran ist?«

»Auf jeden Fall«, antwortete ich gespannt.

»Diese letzten 5 bis 10 Prozent, die ich früher investiert und dafür endlose Stunden und Tage aufgewendet hatte, bemerkt noch nicht mal jemand«, sagte Tata. »Sie waren nur für mich selbst sichtbar. Kennst du das, wenn du mit dir selbst nicht zufrieden bist?«

»Das Gefühl kenne ich nur zu gut«, antwortete ich.

»Ich hatte immer das Gefühl, dass jeder direkt sehen musste, welch unsaubere Arbeit ich abgeliefert hatte. Dabei war das alles nur in meinem Kopf. Für diese Erkenntnis bin ich meinen Söhnen unendlich dankbar. Sie hat mein Leben so viel leichter gemacht. Und seit der Geburt von Lui überprüfe ich doppelt genau, wie viel Zeit ich in etwas stecke, um die wichtigsten Menschen in meinem Leben immer an erster Stelle zu haben. Denn Zeit ist das Wichtigste, was du deinem Partner und deinen Kindern schenken kannst.«

Ich nickte Tata anerkennend zu. »*Wenn ich einmal Familie habe, werde ich mir diese Weisheit definitiv zu Herzen nehmen*«, dachte ich.

25

»Einen weiteren Leitfaden habe ich noch für den Umgang mit Perfektionismus, den mir meine Kinder beigebracht haben«, sagte Tata.

Gespannt sah ich ihn an, da doch Perfektionismus auch eines der Themen war, die mir in meinem Leben zu schaffen machten.

»Präsenz statt Perfektionismus«, sagte Tata feierlich und blickte gerade so drein, als ob damit alles klar sein müsste.

»Was meinst du damit?«, wollte ich wissen. »Wir sind doch immer präsent.«

»Körperlich ja«, sagte Tata. »Aber wie oft sind wir mit unseren Gedanken wirklich bei dem, was wir gerade tun? Wie oft arbeiten wir und denken dabei an Freizeit? Und wie oft denken wir an unsere Arbeit, wenn wir doch gerade entspannen wollen?«

»*Da ist einiges Wahres dran*«, dachte ich. »Und was hat es mit der Aussage *'Präsenz statt Perfektionismus'* auf sich und was haben deine Kinder damit zu tun?«, fragte ich Tata.

»Weißt du, was das größte Geschenk ist, das ich meinen Kindern machen kann?«, fragte Tata.

»Ein eigenes Kinderzimmer mit ganz vielen Spielsachen?«, riet ich.

»Bestimmt freut sich jedes Kind darüber, aber es ist etwas viel Simpleres«, antwortete Tata.

»Liebe«, riet ich noch einmal.

»Sehr gute Antwort. Liebe ist der Schlüssel zu allem und die Basis für unser Miteinander.

Worauf ich aber hinauswollte: Das größte Geschenk, das ich meinen Kindern machen kann, ist, ihnen meine Zeit und meine volle Aufmerksamkeit zu schenken. Und jemandem bewusst über einen längeren Zeitraum deine volle Aufmerksamkeit zu schenken, kann erst einmal sehr ungewohnt sein, denn wann sind wir denn schon voll im Moment?«

»Das kommt mir sehr bekannt vor. Mir gehen immer 1000 Dinge gleichzeitig im Kopf herum«, stimmte ich Tata zu.

»Exakt. Als ich aber meine Kinder beim Spielen beobachtet habe, fiel mir auf, wie sie es schaffen, voll im

Moment zu sein. Sie können alles andere komplett ausblenden. Wir bauen sehr gerne kleine Boote aus Bananenbaumblättern und lassen sie fahren, wenn es in Strömen regnet. Und wenn unsere Jungs ihre Boote schnappen und damit spielen, blenden sie alles vollkommen aus. Auch mich, wenn ich sie dann zum Essen holen möchte.

Ich selbst war früher oft gedanklich anderweitig beschäftigt, während ich mit meinen Kindern spielte. Aber Kinder merken so etwas sofort. Sie merken, wenn du ihnen nicht die Aufmerksamkeit schenkst, die sie verdienen. Und wenn sie dich dann mit ihren großen Augen ansehen und fragen, wo du gedanklich gerade bist, gibt es keine gute Antwort, die dir einfallen könnte. Und so habe ich an mir gearbeitet. Immer wenn wir spielen, dann spielen wir. Immer wenn mir dabei ein wichtiger Gedanke oder eine Idee kommt, schreibe ich sie mir für später auf. Ich schreibe mir diese Gedanken aus dem Kopf und bin danach wieder voll für meine Jungs da. Das hat natürlich nicht von heute auf morgen funktioniert, aber ich werde immer besser.«

»*Das könnte mir auch in meinem Leben weiterhelfen, selbst wenn ich bis dato noch keine Kinder habe*«, dachte ich. Gleichzeitig schlich sich noch ein weiterer Gedanke in meinen Kopf: »*Müsste es nicht korrekterweise Bananenstaudenblätter und nicht Bananenbaumblätter heißen?*«

Ich ließ diesen absurden Gedanken ziehen und fokussierte mich wieder auf das, was wirklich zählte.

26

»Eins verstehe ich noch nicht, Tata«, sagte ich.

»Was denn?«, wollte Tata wissen.

»Was hat dein Perfektionismus mit dem Glück in eurer Liebe zu tun?«, fragte ich.

»Du bist ein aufmerksamer Zuhörer, das gefällt mir«, sagte Tata. »Auf den ersten Blick, nicht viel. Aber indem ich meinen Perfektionismus besiegt habe, wurde ich selbst zu einem ausgeglicheneren Menschen. Ich fing endlich damit an, mit mir selbst ins Reine zu kommen. Ich hatte nicht mehr diese unerfüllbar hohen Erwartungen an mich.

Und auf einmal wurde mein Leben Stück für Stück leichter. Mir wurde eine Riesenlast von den Schultern genommen. Oder noch besser: Ich selbst habe mir eine Riesenlast von den Schultern genommen, die ich mir davor selbst aufgebürdet hatte.

Und diese neu gewonnene Leichtigkeit konnte ich auch mit in meine Beziehung mit Kiri nehmen.

Du darfst nie vergessen, dass eine Beziehung immer aus zwei einzelnen Personen besteht. Und beide bringen sich selbst in diese Beziehung mit. Und sie bringen auch mit, ob sie mit sich und der Welt im Reinen sind, oder eben nicht. Und sobald ich mich in einer Version von mir, die ich selbst mochte, mit in die Beziehung einbrachte, hatte auch unsere Beziehung eine ganz neue Qualität. Wir sind beide für uns allein tolle Menschen, Kiri noch wesentlich toller als ich, und zusammen als Team sind wir einfach nur grandios«, erzählte Tata und ich sah das Strahlen in seinen Augen, wenn er von seiner Frau und seiner Beziehung zu ihr sprach.

»Genau das möchte ich auch in meinem Leben: Mit mir selbst im Reinen sein und eine Beziehung auf Augenhöhe mit einer wundervollen Partnerin, die auch mit sich selbst im Reinen ist«, dachte ich und fing an zu träumen.

27

»Willst du noch einen weiteren wichtigen Aspekt unseres harmonischen Zusammenlebens hören?«, fragte mich Tata, nachdem er mir ansah, dass ich wieder im Hier und Jetzt angekommen war.

»Unbedingt«, antwortete ich.

»Wir lassen uns beide unsere Freiräume. Ich liebe die Zeit mit Kiri und ich liebe auch die Zeit mit unseren Kindern. Ich liebe aber auch Zeit alleine. Und Zeit mit meinen Freunden, ganz ohne meine Familie.

Das sind alles Facetten an mir. Und Kiri kennt all diese Facetten und respektiert sie, da sie mich liebt, wie ich bin. So haben wir uns nie vollständig in dem *Wir* verloren, das unser Zusammenleben ausmacht. Unser Wir ist ein großer, wichtiger und wunderschöner Teil von uns. Aber eben doch nur ein Teil, der aus zwei Einzelteilen besteht. Und diese Einzelteile hegen und pflegen wir, damit wir uns selbst bestmöglich in unsere Beziehung einbringen können«, sagte Tata.

»Klingt logisch«, sagte ich. »Und doch kenne ich genügend Paare, die nur noch im Wir sprechen, als gäbe es die einzelnen Personen gar nicht mehr. Gerade so, als wäre aus den beiden Einzelpersonen eine neue Einheit entstanden, und die beiden Einzelpersonen würden gar nicht mehr existieren.«

»Darf ich dir eine Geschichte dazu erzählen?«, fragte mich Tata.

»Ich liebe Geschichten«, sagte ich und freute mich darauf, wie ein kleiner Junge im Süßigkeitenladen.

Vor langer Zeit lebten auf unserer Welt Wesen mit vier Beinen, vier Armen und zwei Gesichtern. Du kannst sie dir vorstellen, wie zwei Menschen, die am Rücken zusammengewachsen waren. Diese Wesen waren sehr mächtig, unglaublich stark und strotzten vor Intelligenz.

Das bemerkten auch die Götter und sie fürchteten, dass die Wesen sie angreifen könnten. Also ersannen sie einen Plan, wie sie diese Wesen auf die Hälfte ihrer Stärke reduzieren konnten: Sie schnitten sie einfach in der Mitte durch, von oben nach unten.

Und diese halbierten Wesen sind wir Menschen: Zwei Arme, zwei Beine und ein Gesicht. Und der Schmerz, allein nie vollständig zu sein. Das Streben danach, erst durch einen Partner wieder komplett sein zu können. Wieder dieses mächtige und starke Wesen zu werden, das wir einmal waren.

»Irgendwoher kenne ich diese Geschichte, ich glaube, sie ist von den alten Griechen«, sagte ich.

»Die Geschichte ist noch nicht zu Ende, das Beste kommt erst noch«, entgegnete Tata höflich, obwohl ich ihn unterbrochen hatte. »Lange Zeit galt diese Geschichte als abgeschlossen. Dadurch strebten viele

Menschen danach, ihre fehlende Hälfte zu finden und mit ihr zusammen wieder zu der Einheit zu verschmelzen, die sie vor ihrer Trennung waren. Aus zwei Hälften sollte wieder ein Ganzes entstehen.

Doch das war noch nicht die ganze Erzählung: Die einzelnen Seiten dieser Geschichte wurden in einer kostbaren Schatulle in einer riesigen Bibliothek aufbewahrt. Eines schicksalhaften Tages sollte ein junger Mann die Schatulle an einem sicheren Ort verstauen, hoch oben, über den anderen Büchern. Als er aber auf die Leiter trat, verlor er sein Gleichgewicht, die kostbare Schatulle glitt ihm aus den Händen und sie fiel zu Boden. Als der junge Mann die Seiten, die glücklicherweise unbeschadet geblieben waren, wieder aufsammelte, bemerkte er, dass die kostbare Schatulle zerbrochen war. Und als er, der Verzweiflung über die zerbrochene Schatulle nahe, die Bruchteile genauer betrachtete, sah er, dass die Schatulle einen doppelten Boden besaß. Er hob den Boden ab und fand zusätzliche Seiten. Auf diesen Seiten war das Ende der Geschichte zu lesen. Willst du es hören?«

»Mach's nicht so spannend, natürlich will ich«, antwortete ich und war gespannt darauf, welcher Teil dieser Geschichte der Welt so lange vorenthalten geblieben war.

28

Und Tata erzählte mir auch den zweiten Teil der Geschichte:

Die Menschen fühlten sich jahrhundertelang ungenügend als einzelne Person. Immer auf der Suche nach dem Menschen, der sie wieder komplettieren konnte. Sie setzten all ihre Hoffnung darauf, dass sie nur diesen einen Menschen finden mussten, der ihre verlorengegangene Hälfte war. Sie fühlten sich immer nur als eine Hälfte eines Ganzen.

Doch auch diejenigen unter ihnen, die ihren Seelenpartner fanden, fanden schnell heraus, dass dieser Partner sie nicht ganz machen konnte. Sie konnten nur selbst ganz werden. Sie mussten für sich komplett werden, um zu dem Wesen zu werden, das selbst mächtig und stark ist.

Und so fingen sie an, an sich selbst zu arbeiten. Sie verfeinerten ihre Stärken und linderten ihre Schwächen. Sie verziehen sich selbst ihre Unzulänglichkeiten und gaben den falschen Glauben auf, dass sie nur durch einen Partner komplett sein konnten. So kamen sie mit sich selbst ins Reine.

Und das führte nicht etwa dazu, dass sie von nun an allein durch die Welt zogen, ganz im Gegenteil. Von nun an führten sie Beziehungen, weil sie es wirklich wollten, nicht weil sie glaubten, es zu brauchen. Beziehungen entstanden nicht mehr aus dem Glauben heraus, nur mit einem Partner komplett sein zu können. Beziehungen entstanden aus dem festen Glauben heraus, dass zwei starke Individuen zusammen ein noch viel stärkeres Team ergeben. Es ging nicht mehr um Abhängigkeit, sondern um gemeinsames Wachstum und gegenseitiges Voranbringen im Leben.

Und selbst wenn der Gott der Schmiede sie heute fragen würde, ob er diese zwei einzelnen Personen wieder zu einem gemeinsamen Wesen zusammenschmelzen sollte, damit sie nie mehr getrennt sein müssten, würden sie dankend ablehnen.

Sie streben nicht mehr danach, nur mit einem Partner komplett zu sein, sondern sind vollständig in sich selbst.

29

Auch wenn es am gestrigen Abend spät wurde, war ich am folgenden Morgen bereits früh wach. Die Naturbetten waren wohl einfach noch zu ungewohnt für mich. Da ich mich nicht mehr müde fühlte, stand ich auf, auch wenn die Sonne noch nicht zu sehen war.

»*Ein idealer Zeitpunkt, um mit mir und meinen Gedanken alleine zu sein*«, dachte ich und beschloss, einen Spaziergang zu machen. »*Wenn ich schon in so einem fantastischen Inselparadies gestrandet bin, wäre es doch zu schade, wenn ich mir das Naturschauspiel eines Sonnenaufganges entgehen lassen würde.*«

Die letzte Nacht hatte ich bei Kiri, Tata und ihren beiden Jungs verbracht. Sie hatten eine Art Gästezimmer, in dem ich alleine schlafen konnte. Sie selbst schliefen alle in einem Schlafzimmer, waren aber bestimmt allesamt noch müde von dem gestrigen Abend. Jeder von ihnen hatte getanzt und es war mir eine wahre Freude, ihnen dabei zuzusehen - und mitzumachen. Was mich auch heute noch überraschte, da das so gar nicht der Version von mir entsprach, die ich bisher kannte.

Als ich aus der Hütte trat, nahm ich einen tiefen Atemzug. Die Luft war angenehm kühl und rein. Die Insel war noch im Tiefschlaf und ich hörte das Rauschen des Meeres. Ich beschloss, zum Meer zu gehen, da mich Wasser schon mein ganzes Leben lang magisch angezogen hatte. Wasser hatte etwas Beruhigendes für mich und egal, wo ich war, ich suchte mir immer das Meer, einen See oder einen Fluss aus, um dort Zeit zu verbringen.

Als ich am Strand ankam, sah ich, wie etwas wie ein geölter Blitz auf mich zugeschossen kam. Ich wollte schon die Flucht ergreifen, als ich trotz der morgendlichen Dämmerung einen rötlichen, geölten Blitz ausmachen konnte. »Lio«, rief ich und der Hund freute sich, mich zu sehen. Er wedelte mit dem Schwanz und war dabei so voller Freude, dass der ganze Hund dabei mitwackelte. »*Hier scheinen selbst die Hunde zu tanzen*«, dachte ich und musste lachen.

»Guten Morgen Scott, du bist aber früh wach«, hörte ich eine bekannte Stimme sagen.

Ich blickte auf und sah Kiri vor mir stehen. Wie immer umgab sie eine beeindruckende Aura von Gelassenheit und Lebensfreude, und das bereits am frühen Morgen. »*Wie macht sie das nur?*«, fragte ich mich in Gedanken.

»Guten Morgen Kiri, wie schön, dich zu sehen. Ich hatte eigentlich erwartet, dass die ganze Insel noch schläft«, sagte ich.

»*Fast* die ganze Insel schläft auch noch«, sagte Kiri mit ihrem zauberhaften Lächeln auf den Lippen. »Ich genieße meinen Morgen in Ruhe sehr und richte mich so auf meinen Tag aus. Konntest du nicht schlafen?«

»Mir geht gerade sehr viel durch den Kopf, da wollte ich einen Spaziergang machen, um meine Gedanken zu ordnen«, sagte ich.

»Hast du etwas gegen Gesellschaft einzuwenden?«, fragte Kiri.

Ich hatte zwar geplant, alleine mit meinen Gedanken zu sein, hatte aber bei Kiri das Gefühl, dass sie mir weiterhelfen konnte. »Sehr gern«, antwortete ich und Lio und Kiri schlossen sich mir an.

»Welches Thema beschäftigt dich gerade am meisten?«, fragte Kiri.

»Es geht immer noch um meine anstehende Entscheidung über den Start in mein Berufsleben«, antwortete ich.

»Und, wie denkst du heute darüber?«, wollte Kiri wissen.

»Seit ich auf eurer Insel bin, fange ich an, mir andere Fragen zu stellen«, sagte ich.

»Sehr gut. Ein neuer Blickwinkel kann alles verändern. Was für Fragen stellst du dir denn gerade?«, fragte Kiri.

»Eine der wichtigsten Fragen, die mir durch die Gespräche mit euch gekommen ist, lautet: *'Was möchte ich mit meinem Leben bewirken?'*«, antwortete ich.

»Du gehst aber gleich in die Vollen«, lachte mich Kiri an. »Und, hat dir diese neue Frage schon weitergeholfen im Hinblick auf die Entscheidung, die du treffen willst?«

»Ich glaube, sie führt mich auf den richtigen Weg. Ich hatte früher immer folgende innere Frage: *'Wie komme ich heute möglichst unbeschadet durch den Tag?'*

Das hat mich dazu gebracht, Risiken zu vermeiden. Auch Herausforderungen bin ich lieber aus dem Weg gegangen. Ich bin somit immer in meiner Komfortzone geblieben, was mir ein relativ einfaches und schmerzfreies Leben verschafft hat.

Ich denke aber, dass dieser Frage etwas Essenzielles fehlt: Und zwar die Vision, die ich in meinem Leben leben möchte.«

»Deine Art zu denken gefällt mir. Hast du denn schon eine Idee für deine Vision?«, fragte mich Kiri.

30

»Ich möchte die Welt verändern«, sagte ich und es klang in meinen Ohren noch befremdlich, mich das so offen sagen zu hören. »Ich möchte meinen Beitrag zum Allgemeinwohl leisten, indem ich die Robotik voranbringe, um Menschen zu helfen. Ich träume davon, jedem Menschen die Möglichkeit zu geben, einen optimal funktionierenden Bewegungsapparat zu besitzen, unabhängig von Krankheiten oder Besonderheiten bei der Geburt.«

»Ich wusste gleich, als ich dich das erste Mal gesehen hatte, dass du etwas ganz Besonderes in dir hast. Du sprichst gerade so, als könntest du dir das alles bereits bildlich vorstellen«, sagte Kiri.

»Ob du es glaubst oder nicht, seit ich heute morgen aufgewacht bin, sehe ich meine Vision klar vor meinem inneren Auge. Es gibt da nur noch ein Problem«, sagte ich.

»Welches denn?«, wollte Kiri wissen.

»Ich verstehe nicht, wo der Fehler in meiner Weltanschauung lag. Was hatte ich nur nicht in Betracht gezogen, bevor ich auf eure Insel gekommen bin?«, fragte ich.

»Wie sah denn deine Weltanschauung bis vor deiner Ankunft aus?«, wollte Kiri wissen.

»Studiere, arbeite bis zur Rente in einem Job, der gutes Geld abwirft und dich finanziell absichert, und mache in deinem Ruhestand die Dinge, die dich glücklich machen«, sagte ich.

»Und bis zum Ruhestand machst du keine Dinge, die dich glücklich machen?«, fragte Kiri spitzfindig.

»In der Freizeit schon. Arbeit ist dafür ausgelegt, später ausgesorgt zu haben«, sagte ich.

»Welche Gedanken verbindest du mit dem Wort *Ruhestand*?«, wollte Kiri von mir wissen.

»Das Wort macht mir Angst. Für mich kommt *Ruhestand* von *ruhiggestellt*. Ich habe die Befürchtung, dass ich mich ohne meinen Beruf nicht mehr als einen wichtigen Teil dieser Welt betrachte«, sagte ich.

»Und wer möchte dich *ruhigstellen*?«, wollte Kiri wissen.

»Das macht man in unserer Welt eben so. Mit 67 Jahren gehen die Leute in Rente«, antwortete ich.

»Und bist du *die Leute*?«, fragte Kiri.

»Meinst du damit, ich soll nicht einfach blind übernehmen, was andere machen?«, fragte ich.

»Du bist ein schlauer Fuchs«, grinste mich Kiri an. »Lass mich dich noch etwas anderes fragen: Was denkst du, wie viele Menschen in deiner Welt in ihrem Beruf wirklich glücklich sind?«

»Da brauche ich gar nicht nachzudenken, denn ich habe letzthin eine Umfrage dazu gelesen: *'80 Prozent aller*

Menschen hassen ihren Job', war die Schlagzeile zu diesem Artikel«, antwortete ich.

»Ist das nicht verrückt? Da verbringen diese Menschen so viel Zeit mit ihrer Arbeit wie mit kaum etwas anderem in ihrem Leben und dann mögen sie die Tätigkeit noch nicht einmal«, sagte Kiri.

»Jeder Mensch muss nun einmal seinen Lebensunterhalt verdienen«, sagte ich und versuchte damit, die Zahlen rechtzufertigen.

»Das stimmt. Und jeder Mensch entscheidet für sich, wie viel er im Leben wirklich benötigt. Was ist für dich wichtiger, Scott: Ein Leben frei von finanziellen Sorgen, aber mit einer Tätigkeit, die dich nicht erfüllt oder ein Leben in Erfüllung mit unklaren Finanzen?«, wollte Kiri von mir wissen.

»Vor meiner Ankunft auf eurer Insel hätte ich definitiv den Weg der Sicherheit eingeschlagen, da mir mein Kopf zu diesem Weg rät. Seitdem ich hier bin, meldet sich bei mir etwas, was ich schon viel zu lange ignoriert habe: Mein Herz. Es rät mir, meinen eigenen Weg zu gehen. Mich nicht von der Masse zu etwas verleiten zu lassen, was gar nicht zu mir passt. Es rät mir, Risiken einzugehen, Fehler zu machen und lebendig zu sein.«

»Ich bin begeistert«, sagte Kiri und strahlte bei diesen Worten förmlich.

31

Der Spaziergang und das Gespräch mit Kiri hatten mir mehr Klarheit verschafft, als ich überhaupt zu hoffen gewagt hätte. »*Erstaunlich, wie viel doch die richtigen Fragen dazu beitragen, die richtigen Antworten zu finden*«, dachte ich und lächelte.

Kiri und Lio hatten sich mittlerweile verabschiedet und so kam ich doch noch zu meinem Spaziergang in morgendlicher Ruhe. Die Morgendämmerung hatte bereits begonnen und ich lief am Meer entlang. Die Wellen brandeten an den Strand und die ganze Szenerie bescherte mir einen tiefen inneren Frieden.

Ich lief barfuß im Sand und beobachtete, wie die Sonne langsam über dem Inselparadies aufging. »*Einfach nur wunderschön*«, dachte ich. »*Wann hatte ich mir das letzte Mal zu Hause die Zeit genommen, dieses Wunder der Natur zu genießen?*«

Leider fiel mir dazu keine Antwort ein, es muss schon ewig her gewesen sein. Ich beobachtete dieses Naturschauspiel noch so lange, bis die Sonne komplett am Horizont zu sehen war. Mit ihr kam auch die wohlige Wärme ins Inselparadies und ich beschloss, mich auf den Weg zurück zu Kiri, Tata und ihren Jungs zu machen. »*Wer weiß schon, was dieser Tag noch für Möglichkeiten des Lernens für mich bereithält?*«, dachte ich.

Ich war gewillt, das herauszufinden.

Als ich zur Hütte zurückkam, sah und hörte ich von weitem schon Ninni und Lui vor der Hütte umhersausen. Sie spielten Fangen und hatten beide einen Riesenspaß.

Neben meinem Gehör und meinen Augen wurde allerdings noch ein weiterer meiner Sinne angesprochen: Mein Geruchssinn vernahm deutlich etwas Gebratenes.

Es duftete köstlich und in meiner Welt wäre das, was da so herrlich duftete, *Pancakes* genannt worden. Kiri bereitete sie über offenem Feuer in einer Art Pfanne zu und wie immer strahlte sie dabei eine Gelassenheit aus, die ihr Wesen ausmachte.

Gerade, als ich fragen wollte, ob Tata als einziger noch schlief, kam er auch schon aus der Hütte mit einem Tablett voll frisch geschnittenem Obst. Und seinem Markenzeichen: Einem breiten Grinsen, das von einem Ohr zum anderen reichte.

»Bemerkenswert, welche Ruhe, Gelassenheit und Lebensfreude diese Familie ausstrahlt«, dachte ich. Was für ein Kontrast zu dem Stress, dem Getriebensein und der Zerrissenheit, die ich in meiner Welt oft verspürte und auch bei meinen Mitmenschen wahrnahm. Höchste Zeit, um beim Frühstück noch ein wenig mehr über ihre Einstellung zum Leben zu erfahren, in der Hoffnung, dass ich auch etwas für mich dabei mitnehmen konnte.

Wir aßen direkt im Sand sitzend vor der Hütte. Die Sonne erhob sich Stück für Stück weiter über die Palmen und auch die Tiere waren mittlerweile wieder wach. Von überall her kam Gezwitscher von Vögeln, Summen von Insekten und aus der Ferne hörten wir Affen.

»Ich mag es sehr, wie ihr als Familie miteinander umgeht. War euer Zusammenleben schon immer so harmonisch?«, fragte ich in die Runde.

Ich bemerkte, wie Kiri und Tata einen tiefen Blick austauschten und sich dabei leicht zunickten. Dann begann Kiri zu erzählen: »Unser Zusammenleben, wie du es heute erlebst, ist das Ergebnis von jahrelanger gemeinsamer Arbeit an uns und an unserem Umgang miteinander. Und wir arbeiten immer noch daran, jeden Tag.

Als Ninni auf die Welt gekommen war, war unser Leben ein einziges Chaos. Tata und ich waren nicht darauf vorbereitet, wie dramatisch sich das ganze Leben mit so einem einzigen kleinen, liebenswürdigen Wesen ändern würde. In dieser Zeit haben wir uns als Paar komplett verloren. Ninni war jetzt das Allerwichtigste auf dieser Welt und wir beide haben unser Leben komplett auf ihn ausgerichtet und unsere Bedürfnisse hinter ihm angestellt.

Versteh mich nicht falsch, natürlich ist es vollkommen richtig und wichtig, den eigenen Nachwuchs in das Zentrum des eigenen Universums zu stellen. Und die ersten Monate, oder gerne auch die ersten ein bis zwei Jahre, muss man sich natürlich auch selbst zurücknehmen. Aber es muss auch der Zeitpunkt kommen, an dem man wieder damit beginnt, auch das eigene Leben zu leben. Mit eigenen Interessen, eigenen Unternehmungen und dem eigenen Lebenssinn.

Ich dachte früher immer, dass Kinder mein Lebenssinn wären. Und auch, wenn Kinder zu haben, das absolut Wunderschönste auf dieser Welt für mich ist, so sind sie doch nicht *mein* Lebenssinn. Sie sind *ihr* eigener Lebenssinn. Der Sinn ihres Lebens ist es, ihr Leben zu leben, ganz nach ihren Werten, nach ihren Vorstellungen und nach ihrer Bestimmung.

Und der Sinn meines Lebens ist es, *meine* Bestimmung zu leben. Bis dieser Groschen gefallen war, hat es vor allem bei mir sehr lange gedauert. Ich hatte allein bei dem Gedanken daran, dass ich selbst einen eigenen Lebenssinn haben sollte, ein schlechtes Gewissen meinen Kindern gegenüber. Wie konnten diese wundervollen Wesen nicht der Sinn meines Lebens sein, wenn ich sie doch so sehr liebe? Doch es gibt da eine Geschichte, die für mich meinen inneren Schalter umgelegt hatte. Magst du sie hören?«

»Unbedingt«, antwortete ich, nahm mir noch einen Pancake und wartete gespannt auf das, was da kommen sollte.

Und Kiri erzählte mir *die Geschichte des Propheten*.

32

Auch wenn deine Kinder durch dich auf diese Welt kommen, sind sie doch nicht deine Kinder. Sie sind die Töchter und Söhne der Sehnsucht des Lebens nach sich selbst. Und obwohl deine Kinder um dich sind, so gehören sie dir nicht, denn sie gehören nur sich selbst.

Schenke ihnen deine bedingungslose Liebe, aber gib ihnen nicht deine Gedanken, denn sie haben ihre eigenen. Gib ihnen ein Zuhause, in dem sie sich frei entfalten können, zu den Menschen, die sie werden dürfen. Dieses Zuhause ist nur für ihre körperliche Hülle, ihre Seele wohnt im Haus von morgen, das du nicht besuchen kannst, noch nicht einmal in deinen Träumen.

Versuche gar nicht erst, deine Kinder nach deinem Vorbild zu formen, sondern lerne du pure Lebensfreude, Leben im Moment und Leichtigkeit des Seins von deinen Kindern. Wir alle

haben diese Dinge als Kinder gekannt und viel zu oft im Laufe
unseres Lebens verlernt und vergessen. Lass deine Kinder an
deinen Erfahrungen teilhaben, aber erwähne sie nur als Bei-
spiele, wie es dir ergangen ist und nicht als Vorgabe, wie sie es
tun sollen. Deine Kinder dürfen ihre eigenen Erfahrungen ma-
chen, genau wie du deine eigenen machen durftest.

Das Leben steht nie still, verweilt nie im Gestern, sondern
schreitet immer voran. So sollen es auch deine Kinder tun. Mit
dir an ihrer Seite, so lange und in dem Maße, wie sie es für
sinnvoll erachten.

Bring deinen Kindern nicht das Fischen bei, denn weder
weißt du, ob ihre Generation Fisch essen wird, noch welche
Angel sie zum Fischfang benutzen würde. Biete ihnen Raum
für ihre eigenständige Entwicklung an und begleite sie dabei
voller bedingungsloser Liebe.

Sei du der Bogen, von dem deine Kinder als lebendige
Pfeile ausgesendet werden. Und aus diesen Pfeilen werden
später selbst eigene Bögen, die ihre eigenen Pfeile aussenden
und loslassen dürfen.

Sorge dich nicht um das Wohlergehen deiner Kinder, denn
es wird ihnen gut ergehen. Vertraue dem Leben und lasse sie
frei, denn sie waren es schon immer. [1]

»Absolut tiefgründig«, sagte ich und war immer noch
ganz berührt von dieser Sichtweise auf Kinder und ihrer
Selbstständigkeit als eigene Wesen.

---

[1] Inselversion der großartigen Zeilen von Khalil Gibran
(Der Prophet, Über die Kinder)

»Und seit ich diese Geschichte das erste Mal gehört hatte, hat sich meine Sichtweise auf *unsere* Kinder schlagartig verändert. Ich liebe sie noch immer über alles andere auf der Welt und würde immer noch zu jeder Zeit alles stehen und liegen lassen, wenn sie mich brauchen. Und dennoch sehe ich mich seitdem nur noch als Begleiterin auf ihrem Weg. Ich unterstütze sie, wo immer sie es noch nicht selbst können. Für mich habe ich gelernt, dass sie ein sehr bereichernder Teil meines Lebens sind, aber ich sie nicht zu meinem Lebenssinn machen darf«, sagte Kiri.

»Außerdem kommen unsere beiden großen Jungs schon ganz gut allein zurecht, nicht wahr, Jungs?«, fragte Tata seine beiden Söhne.

»Stimmt genau, alter Mann«, witzelte Ninni und wir mussten alle lachen.

Nachdem wir alle satt waren, kam Tata zu mir und fragte mich, ob ich heute zu einem Hausaufbau mitkommen möchte. Die handwerklich interessierten Frauen und Männer des Dorfes halfen heute zusammen, um eine neue Hütte zu errichten. Es kündigte sich Nachwuchs bei einer jungen Familie an und es war an der Zeit für sie, eine neue, größere Unterkunft zu beziehen.

Da ich heute sowieso noch nichts geplant hatte, war ich gerne dabei.

33

Kiri machte heute mit ihren beiden Söhnen eine Wanderung. Sie packten reichlich Proviant ein, denn ʻWandern *macht hungrig'*, hatte mir Lui gesagt. Tata und ich machten uns auf den Weg ins Dorf, um dort beim Hausbau zu helfen.

Laut Tata wurden die Baumaterialien bereits alle passgenau vorbereitet und es ginge heute nur noch darum, sie passend zusammenzustecken. Als wir im Dorf ankamen, sahen wir bereits um die zehn Männer und Frauen, die wie fleißige Ameisen umherliefen und Baumaterial von einem Ort zum anderen trugen. Ein Mann stand mit einer großen Karte aus papierähnlichem Material an der Stelle, an der später einmal das Haus stehen sollte. Dieser Platz war umzogen von Schnüren, die vermutlich die finale Position des Hauses markierten.

»Komm, ich möchte dir jemanden vorstellen«, sagte Tata zu mir und wir gingen schnurstracks auf den Mann mit der Karte in der Hand zu.

»Das ist Miki, mein Schwager«, stellte Tata den Mann vor.

»Schön dich kennenzulernen, Hoa Pili Hou, und es freut mich sehr, dass du uns beim Hausaufbau hilfst«, sagte Miki zu mir.

»Die Freude ist ganz meinerseits«, antwortete ich und dachte: »*In einer ruhigen Minute muss ich mal einen meiner Gastgeber fragen, was 'Hoa Pili Hou' eigentlich bedeutet.*«

»Miki ist unser bester Bootsbauer und da er ein Händchen für Zahlen und Winkel hat, ist er gleichzeitig unser bester Architekt«, sagte Tata.

»Danke, Tata«, sagte Miki und wandte sich dann mir zu: »Wenn du magst, kannst du Aras beim Tragen der Baumstämme helfen.«

»Sehr gern, wer ist Aras?«, fragte ich und freute mich auf die körperliche Arbeit. Eine gelungene Abwechslung zu dem, was ich sonst so machte.

»Aras! Ich habe hier noch zwei helfende Hände für dich«, rief Miki und kurz darauf kam Aras angelaufen. Aras hatte langes weißes Haar, bewegte sich aber trotz seines Alters noch flink.

»Hallo Aras. Wie alt bist du?«, fragte ich erstaunt über den Mann, mit dem ich zusammen die wuchtigen Holzstämme tragen sollte.

»77 und kein Jahr jünger«, sagte Aras sichtlich stolz auf sein Alter.

»Bist du dir sicher, dass die Stämme nicht zu schwer für dich sind? Wir finden sicher noch einen Jüngeren, der diese Arbeit übernehmen kann«, sagte ich zu Aras.

»Mach dir keine Sorgen um mich, ich bin gut im Training. Ich arbeite als Holzfäller«, antwortete Aras.

»Du meinst wohl, du hast als Holzfäller gearbeitet, bis du in den Ruhestand gegangen bist?«, hakte ich nach.

»*Ruhestand*? Was ist das?«, fragte mich Aras ehrlich erstaunt.

»In meiner Welt arbeiten wir bis 67 und danach dürfen wir das Leben genießen. Das nennen wir dann *Ruhestand*«, erklärte ich.

»Klingt für mich eher nach *ruhiggestellt*«, sagte Aras und lachte. »Ich habe mein ganzes Leben gearbeitet und könnte mir im Traum nicht vorstellen, damit aufzuhören. Ich mag meine Arbeit und ich leiste so einen wichtigen Beitrag zum Gemeinwohl.«

»*Klingt einleuchtend*«, dachte ich.

»Wie wäre es, wenn ihr euch beim Tragen der Baumstämme weiter unterhaltet?«, sagte Miki mit einem Augenzwinkern.

Und so machten wir uns daran, die Stämme an ihren Bestimmungsort zu tragen.

34

Als wir den ersten Baumstamm schulterten, war ich schockiert, wie schwer dieser Stamm war. Ich musste mich sehr zusammenreißen, um den Baumstamm nicht gleich wieder fallen zu lassen. Aras hingegen wuchtete sich den Stamm mit einer Leichtigkeit auf seine Schulter, als hätte er das schon sein ganzes Leben lang gemacht. Was vermutlich wohl auch so war…

»Wie kannst du in deinem Alter noch so fit sein?«, wollte ich von Aras wissen.

»Wie könnte ich nicht? Mein Körper ist mein Tempel«, antwortete Aras.

»Was meinst du damit?«, fragte ich zurück.

»Ich bin meinem Körper sehr dankbar dafür, dass er mich so gut durch mein Leben trägt. Da ich viel körperlich arbeite, baue ich auch viel Entspannung in meinen Tag ein. Ich gehe gerne zu den heißen Quellen und lasse meinen Körper dort regenerieren, um neue Kraft zu tanken. Zusätzlich nehme ich mir jeden Abend eine Viertelstunde Zeit, um meine Muskeln zu dehnen und zu entspannen. Mein Körper dankt mir das mit seiner Kraft und nur überschaubar vielen Schmerzen für mein Alter«, erzählte Aras.

»Und hättest du nicht große Lust, deine Arbeit aufzugeben und einfach nur zu tun, was dir Spaß macht?«, fragte ich.

»Ich tue bei der Arbeit, was mir Spaß macht. Ist das in deiner Welt nicht so?«, fragte Aras.

»Ich habe eine Studie gelesen, laut der vier von fünf Menschen in meiner Welt ihre Arbeit nicht mögen«, erzählte ich.

»Warum tun sie sie dann?«, fragte Aras erstaunt.

»Weil sie Geld verdienen müssen«, antwortete ich.

»Gibt es bei euch nicht auch verschiedene Arbeiten? Wir haben hier Bäcker, Fischer, Holzfäller, Schiffsbauer, Schneider und vieles mehr«, sagte Aras.

»Wir haben eine schier endlose Auswahl an Berufen und Möglichkeiten«, gestand ich.

»Und warum sucht sich dann nicht jeder einen Beruf, der auch zu ihm passt?«, fragte mich Aras.

»Das ist eine hervorragende Frage. Vermutlich, weil wir in meiner Welt unsere Berufe zu einer Zeit auswählen, in der wir noch gar nicht wirklich wissen können, was uns einmal Erfüllung bringen wird. Und aus Angst vor Veränderung bleiben viele dann einfach bei dem Beruf, den sie einmal gewählt haben«, sagte ich.

»Wenn du beim Mittagessen Miki wieder triffst, frag ihn doch einmal, wie er Schiffsbauer wurde«, sagte Aras mit einem schelmischen Grinsen.

»Das werde ich gerne tun«, antwortete ich.

Wir trugen etliche der schweren Baumstämme zum Bauplatz. Nach und nach füllte sich dieser mit Holz, Seilen, Werkzeug und Farnen. Der Bausatz war fast fertig. Und ich war auch fertig mit der Welt. »*Keine Ahnung, wie Aras das in seinem Alter aushält*«, dachte ich.

»Darf ich dir eine Geschichte erzählen?«, fragte mich dieser.

»Mit dem größten Vergnügen«, sagte ich und freute mich auf eine Pause von der harten körperlichen Arbeit.

Vor langer Zeit lebte auf einer unserer Nachbarinseln das Volk der Hedoniker. Sie genossen das Leben in vollen Zügen. Nichts war für sie so wichtig, wie eine gute Zeit zu haben. Für manche bedeutete es gutes Essen. Für andere eine gesellige Zeit mit Musik und Tanzen. Wieder andere liebten das Wellenreiten.

Eines aber war allen gleich: Ob sie ihr Leben als erfolgreich gelebt betrachteten, hing direkt davon ab, wie viele Genussmomente sie in ihrem Leben hatten.

Und da jeder Mensch eine Beschäftigung braucht, war dieses Volk sehr geschickt darin, sich Berufe auszusuchen, die ihrem wahren Ich entsprachen. Sie probierten solange verschiedene Berufe aus, bis sie den passenden für sich gefunden hatten. Und wenn sie eines Tages bemerkten, dass sie dieser Beruf nicht mehr glücklich machte, wechselten sie ihn und probierten wieder so lange verschiedene Tätigkeiten aus, bis sie etwas gefunden hatten, was ihrem heutigen Ich entsprach.

»Und, wie gefällt dir die Geschichte?«, wollte Aras von mir wissen.

»Gut. Mein Plan bis heute war allerdings folgender: Bis ich 67 Jahre alt bin, häufe ich so viel Geld an, dass ich die restlichen Jahre meines Lebens meinen Ruhestand genieße und tun kann, was ich möchte«, sagte ich.

»Und wenn du keine 67 Jahre alt wirst?«, fragte Aras.

»Mein Plan ist in der Hinsicht in der Tat noch nicht ganz ausgereift«, gab ich zu.

»Wie alt bist du?«, fragte Aras.

»24«, antwortete ich.

»Du planst also 43 Jahre deines Lebens etwas zu arbeiten, das dich nur bedingt glücklich macht, damit du die restlichen Jahre dann tun kannst, was dich glücklich macht?«, fragte Aras.

»Mein Plan ist auch in der Hinsicht in der Tat noch nicht ganz ausgereift«, sagte ich und fing an, mir ernsthaft Gedanken über dessen Sinnhaftigkeit zu machen.

35

Als wir nach und nach sämtliche Baumaterialien im Schweiße unseres Angesichts angeschleppt hatten, war es endlich Zeit fürs Mittagessen. Das Essen duftete herrlich und ich setzte mich neben Miki, da ich ihn unbedingt noch fragen wollte, wie er Schiffsbauer wurde. Wir beluden unsere Teller und ich nutzte die Gelegenheit, um Mikis beruflichen Werdegang zu erfahren.

»Wie bist du Schiffsbauer geworden?«, fragte ich Miki geradeheraus.

Alle um uns herum und auch Miki selbst brachen in schallendes Gelächter aus.

»Habe ich etwas Falsches gesagt?«, fragte ich peinlich berührt.

Es dauerte noch eine ganze Weile, bis das Gelächter abebbte und Miki antwortete mir, immer noch mit Tränen des Lachens in den Augen: »Nein, es ist alles gut. Nur diese Geschichte bringt uns jedes Mal wieder zum Lachen.«

»Was ist daran so lustig?«, wollte ich wissen, um auch mitlachen zu können.

»Kurz gesagt: Ich hatte bei meiner Berufswahl nicht auf mein Herz, oder besser noch auf mein Bauchgefühl, gehört. Hat dir Tata erzählt, was er arbeitet?«, fragte Miki.

»Ich habe ihn nie gefragt«, gestand ich.

»Ich bin Fischer, ich liebe es, aufs Meer zu fahren«, schaltete sich Tata ins Gespräch ein. »Und Miki ist früher zusammen mit mir aufs Meer gefahren.«

»Du warst auch Fischer?«, fragte ich Miki.

»Exakt. Nur liebte ich das Meer nicht. Oder das Meer liebte mich nicht. Oder mein Magen und der Seegang liebten sich nicht. Auf jeden Fall wurde mir jedes Mal schlecht, wenn ich auf hoher See war und ich musste mich übergeben«, erzählte Miki.

»Und dann?«, fragte ich.

»Dann habe ich mir die Frage gestellt, warum ich das überhaupt mache. Warum fahre ich zur See, wenn es doch so offensichtlich ist, dass Wasser nicht mein Element ist? Und diese Frage war für mich schnell beantwortet: Ich hatte es bei Tata gesehen und gedacht, wenn es etwas für ihn ist, dann könnte es doch auch etwas für mich sein«, erzählte Miki. »Und genau da lag mein Fehler: Nur, weil etwas für den einen passt, muss es noch lange nicht das Richtige für den anderen sein. Und dann überlegte ich mir, was mir Spaß bereitet und zusätzlich unserer Gemeinschaft einen Mehrwert bietet.«

»Und seitdem Miki diese Frage für sich beantwortet hat, besitzen wir die besten Boote, die man sich nur vorstellen kann«, sagte Tata voller Stolz auf seinen Schwager und die Menschen applaudierten.

»Ich habe für mich herausgefunden, dass ich sehr gerne mit Holz arbeite. Und, dass ich ein gutes Verständnis von den Zusammenhängen der Welt besitze. In eurer Welt nennt ihr das Physik. Und so machte ich mich auf, Tata ein Boot zu bauen. Und da Tata so zufrieden mit seinem neuen Boot war, baue ich seitdem Boote für uns alle.«

»Es sind wahrlich die besten Boote, die du dir nur vorstellen kannst. Wir müssen unbedingt noch zusammen aufs Meer fahren«, sagte Tata.

»Mit dem größten Vergnügen«, antwortete ich.

»Bitte nehmt es mir nicht übel, wenn ich euch dabei nicht begleite. Ich habe meine Erfahrungen mit dem Meer unter dem Titel *'Nicht gescheitert, sondern gescheiter'* abgespeichert«, sagte Miki mit einem breiten Grinsen.

»Diese Betrachtungsweise gefällt mir«, sagte ich und wir widmeten uns weiter unserem Essen.

36

Nachdem wir vormittags sämtliche Baumaterialien an Ort und Stelle getragen hatten, ging es am Nachmittag ans Zusammenfügen der einzelnen Puzzleteile. Miki bildete dafür Teams aus vier Personen und malte für jedes Team ihre Arbeitsschritte in den Sand. Er hatte wirklich ein Talent dafür, eine komplexe Aufgabe in kleine Einzelschritte aufzuteilen. In meiner Gruppe waren neben Aras, der anscheinend mein Einarbeiter für den heutigen Tag war, noch eine Frau in ihren Dreißigern und ein junger Mann, der vermutlich gerade erst um die 18 Jahre alt war.

Unsere Aufgabe bestand darin, Löcher zu graben, um die tragenden Baumstämme zu fixieren. Wir hatten vier Schaufeln und zwei Schubkarren, mit der wir die überschüssige Erde wegfahren konnten. Wir teilten unsere Gruppe in Teams von je zwei Leuten auf und machten uns direkt an die Arbeit.

Mein erstes Loch hob ich zusammen mit der jungen Frau aus und ich dachte mir, dass ich die gemeinsame Zeit doch optimal dazu nutzen konnte, um ihre Sicht auf die Welt zu erfahren.

»Ich bin Scott und wie heißt du?«, stellte ich mich vor.

»Mein Name ist Mali«, antwortete die Frau.

»Was arbeitest du?«, wollte ich wissen.

»Ich bin die Heilerin des Stammes. Ich kümmere mich um jegliche Arten von Verletzungen, körperliche und seelische«, erzählte Mali.

»Wie bist du dazu gekommen?«, wollte ich wissen.

»Ich liebe es, meinen Mitmenschen zu helfen. Wenn ich sehe, wie es einem unserer Kinder wieder besser geht, nachdem ich es behandelt habe, geht mir mein Herz auf. Ich sorge mich darum, dass jeder sein Leben hier so unbeschwert wie möglich genießen kann«, sagte Mali und sie strahlte dabei.

»Das klingt so schön. Wusstest du von Anfang an, dass du Heilerin werden wolltest?«, fragte ich.

»Ich hatte schon immer große Freude daran, meinen Mitmenschen zu helfen. Und so habe ich mir überlegt, wie ich unserem Volk am besten dienen kann, mit den Fähigkeiten, die ich besitze. Und da ich sehr geschickt mit meinen Händen bin, habe ich es einfach ausprobiert und bin dabeigeblieben«, erzählte Mali.

»Bewundernswert, wie einfach es für manche Menschen doch ist, genau das zu finden, was sie im Leben machen möchten«, dachte ich.

»Wollen wir die Teams mal wechseln?«, durchschnitt Aras' Stimme meinen inneren Monolog. »Ich würde mich mit Mali sehr gerne noch über mögliche Entspannungsübungen für meinen Nacken unterhalten.«

»Natürlich«, antwortete ich und arbeitete im Anschluss mit dem gerade volljährigen jungen Mann zusammen.

»Ich bin Meron«, stellte er sich vor.

»Es freut mich sehr, dich kennenzulernen, Meron«, sagte ich und wusste schon genau, was ich ihn fragen wollte. »Was arbeitest du?«

»Gerade probiere ich das Arbeiten mit Holz aus. Ich fertige Tische und Stühle und lerne dabei von Miki«, erzählte Meron.

»Hast du davor schon andere Sachen ausprobiert?«, fragte ich neugierig.

»Jede Menge sogar. Ich wusste nie so recht und weiß bis heute noch nicht, wo mich mein Weg im Leben hinführen wird. Und so blieb mir gar nichts anderes übrig, als meine eigenen Erfahrungen zu machen«, sagte Meron.

»*Klingt einleuchtend*«, dachte ich und fragte noch ein wenig weiter. »Wie lange probierst du die verschiedenen Tätigkeiten aus?«

»So lange, bis ich für mich herausgefunden habe, ob es etwas für mich ist, oder nicht. Auf hoher See war ich nur einen einzigen Tag. Du musst wissen, dass mich das mit Miki verbindet«, sagte Meron und musste lachen.

»In meiner Welt geht das leider nicht so einfach, wie bei euch«, erzählte ich.

»Warum?«, wollte Meron wissen und schaute mich verblüfft an.

»In meiner Welt müssen wir uns auf eine Arbeit bewerben. Und ein ganz entscheidender Punkt dabei ist der eigene Lebenslauf. Mein Lebenslauf ist ein Dokument, das die einzelnen Stationen in meinem Leben zeigt. In ihm wird vermerkt, was ich gelernt und welche anderen Tätigkeiten ich bereits davor ausgeführt habe. Und es ist sehr wichtig, dass dieser Lebenslauf nicht Sprunghaftigkeit, sondern Geradlinigkeit ausstrahlt«, erzählte ich.

»Warum?«, wiederholte Meron seine Frage.

»Weil der eigene Lebenslauf zeigen soll, dass ich zu jeder Zeit im Leben klar vor Augen habe, wo ich im Leben hinmöchte«, erklärte ich.

»Hast du das denn zu jeder Zeit?«, fragte Meron erstaunt.

»Nein«, gab ich zu.

»Und wieso sollte das dann dein Lebenslauf zeigen?«, fragte Meron.

»Weil Personalentscheider das nun einmal gerne sehen wollen«, antwortete ich, mittlerweile nicht mehr ganz so überzeugt von meinen eigenen Worten. »Und deswegen ist es in meiner Welt auch nicht möglich, in kurzer Zeit verschiedene Arbeiten auszuprobieren.«

»Wenn ich dich richtig verstanden habe, gibt dir dieses Dokument also vor, wie du zu leben hast?«, fragte Meron.

»So formuliert klingt das in der Tat verrückt«, musste ich zugeben und fing an, mir Gedanken über die Sinnhaftigkeit eines geradlinigen Lebenslaufs zu machen.

Am Abend war ich merklich geschlaucht von der körperlichen Arbeit, aber auch stolz auf das, was wir als Team geschafft hatten: Die Hütte stand.

Ich fühlte mich an diesem Abend mehr als Teil dieser Gemeinschaft als je zuvor in meiner Welt und hatte die Menschen auf dieser Insel wirklich liebgewonnen.

37

Obwohl ich am Abend zuvor todmüde ins Bett gefallen war, fühlte ich mich heute morgen ausgeruht und war schon wieder früh wach. Außen war es noch dunkel und ich entschied mich dazu, aufzustehen und die Ruhe des Morgens zu genießen.

Gerade als ich am Strand ankam, sah ich Kiri im Dämmerlicht aus dem Wasser steigen. *»Sie ist ein früher Vogel und morgens bereits voll in ihrer Kraft. Wie macht sie das nur?«*, dachte ich und ging auf sie zu, gewillt, dieses Rätsel zu lösen.

»Guten Morgen Scott«, lächelte mich Kiri an.

»Guten Morgen Kiri. Du bist bereits morgens aktiv und ausgeglichen, wie schaffst du das nur?«, fragte ich neugierig.

»Ich habe viel herumexperimentiert, bis ich die für mich passende Gestaltung meines Morgens gefunden habe«, sagte Kiri. »Als Lui zur Welt gekommen ist, begann für mich eine herausfordernde Zeit mit meinen beiden Jungs. Ich liebe sie wirklich mehr als alles auf dieser Welt und habe deswegen damit begonnen, mich selbst aufzugeben. Immer waren die Kinder an erster Stelle und ich kümmerte mich den ganzen Tag nur noch um sie. Mich selbst, meine Bedürfnisse und meine Interessen habe ich gänzlich hintenangestellt. Für eine gewisse Zeit lang ist das vollkommen natürlich und richtig. Genauso wichtig ist es aber auch, dass du wieder zu dir selbst findest, sobald du alle gut versorgt weißt. Das hat bei mir überhaupt nicht funktioniert.«

»Wie hat sich das geäußert?«, wollte ich wissen.

»Da ich nichts mehr für mich gemacht hatte, hatte ich mich als Person gänzlich aufgegeben. Ich war nur noch für andere da. Das hat bei mir zu einer tiefen inneren Unzufriedenheit geführt. Und durch diese Unzufriedenheit wurde ich mürrisch und habe die Menschen, die mir die Welt bedeuten, öfter schroff und ungerecht behandelt«, erzählte Kiri.

»Das kann ich mir bei dir gar nicht vorstellen«, sagte ich.

»Das war auch nicht ich. Ich wusste, dass ich den Weg zurück zu meinem wahren Selbst zu beschreiten hatte. Tata hatte das glücklicherweise auch bemerkt und er half mir sehr dabei, die ersten Schritte zu gehen«, erzählte Kiri.

»Wie hat er das gemacht?«, wollte ich wissen.

»Er hat mich gezwungen, mir Zeit für mich ohne die Kinder zu nehmen, indem er sich die beiden geschnappt hat und mit ihnen auf *Abenteuerreisen* auf der Insel gegangen ist«, sagte Kiri mit einem Lächeln auf den Lippen. »Tata ist ein ganz wundervoller Mensch.«

»Und dadurch wurdest du so ausgeglichen wie du heute bist?«, fragte ich.

»Ich hatte die ersten Schritte auf dem richtigen Weg gemacht. Und doch musste ich schnell feststellen, dass es oft einfach nicht geklappt hat, wenn ich mir vornahm, nachmittags eine Stunde für mich zu sein. Das Leben kam einfach dazwischen«, erzählte Kiri.

»Das kommt mir nur zu bekannt vor«, sagte ich.

»Und dann, eines frühen Morgens, als ich nicht mehr schlafen konnte und spazieren ging, kam mir die Idee: Warum nahm ich mir nicht die Stunde am Tag, die mich zurück zu mir selbst führen sollte, bereits am frühen Morgen, wenn meine Liebsten noch schliefen? Am frühen Morgen konnte mir das Leben noch nicht dazwischenfunken«, sagte Kiri.

»Und seitdem bist du bereits morgens unterwegs, gehst schwimmen und verbringst Zeit nur mit dir allein?«, wollte ich wissen.

»Exakt. Das Wichtigste in meiner Stunde am Morgen für mich ist, dass ich etwas tue, was mir Spaß macht. Ich bin ein sportlicher und aktiver Mensch, deswegen bewege ich mich gerne. Um mir Klarheit über mein Leben und meine Prioritäten zu verschaffen, meditiere ich gerne. Ich halte dabei mein Gedankenkarussell für einen Moment an und trenne dabei Wichtiges von Unwichtigem. Und nach meiner Stunde am Morgen für mich, bin ich voll in meiner Kraft und besitze die notwendige Energie, mich voll und ganz um meine Familie zu kümmern, ohne mich dabei selbst zu vernachlässigen«, sagte Kiri.

»Du hast wirklich eine bemerkenswerte Einstellung zum Leben«, sagte ich und Kiri schenkte mir ein dankbares Lächeln.

38

»Jetzt aber genug von mir und zurück zu dir, Scott. Was vermisst du auf unserer Insel am meisten?«, wollte Kiri wissen.

Da brauchte ich nicht lange nachzudenken: »Ich vermisse Nachrichten. Ich bin gerne informiert, was auf der Welt vor sich geht. Seit ich auf eurer Insel bin, habe ich permanent Angst, etwas Wichtiges zu verpassen.«

»Was könntest du denn Wichtiges verpassen?«, fragte mich Kiri.

»Irgendetwas Wichtiges gibt es immer«, sagte ich und merkte dabei, dass sich meine Worte irgendwie seltsam anhörten.

»Bist du nicht gerade mit dem wichtigsten Menschen deines Lebens hier auf dieser Insel?«, fragte Kiri.

»Ich bin alleine hier«, antwortete ich, da ich nicht begriff, worauf Kiri hinauswollte.

»Ganz genau«, sagte Kiri und grinste mich dabei breit an.

»Oh, so hast du das gemeint. Ist diese Betrachtungsweise nicht ganz schön egoistisch, dass ich der wichtigste Mensch in meinem Leben sein sollte?«, fragte ich.

»Lass mich dir eine Frage stellen: *Wer, wenn nicht du, wird dein Leben für dich leben?*«, fragte Kiri.

Das hatte gesessen. »Niemand«, antwortete ich.

»Eben«, antwortete Kiri. »Du ganz allein bist dafür verantwortlich, dein Leben zu leben. Und das bedeutet nicht, dass du nicht auch weitere, für dich wichtige, Menschen in deinem Leben haben sollst. Wir Menschen sind soziale Wesen, die gerne Artgenossen um sich herum haben. Nur der Anfang beginnt immer bei dir.«

»So hatte ich das noch nie betrachtet«, sagte ich.

»Deswegen bist du ja gerade hier«, sagte Kiri mit einem Lächeln. »Aber zurück zu dem, was du hier am meisten vermisst: Wie startest du in den Tag, Scott?«

»Direkt nach dem Aufwachen nehme ich mein Smartphone zur Hand, und sehe nach, wer mir über Nacht geschrieben hat. Danach höre ich Nachrichten, um mich auf Stand zu bringen und mitzubekommen, was ich auf der Welt verpasst habe, während ich geschlafen habe«, antwortete ich.

»Was verpasst du denn im Normalfall so?«, fragte mich Kiri.

»Politische Konflikte, Anschläge, Naturkatastrophen, Preiserhöhungen, Knappheit von Waren - jede Menge, es passiert täglich so viel auf dieser Welt«, antwortete ich.

»Und wie fühlst du dich, wenn du morgens all diese Themen auf dich einprasseln lässt?«, wollte Kiri wissen.

Langsam begann ich zu begreifen, worauf Kiri hinauswollte. »Willst du etwa sagen, dass mein Start in den Tag verbesserungswürdig ist?«, fragte ich.

»Ob du Notwendigkeit für Veränderung siehst, kannst nur du für dich allein entscheiden. Es ist dein Leben und deine Verantwortung, wie du dein Leben lebst und wie du in den Tag startest«, sagte Kiri.

»*Das ergibt Sinn*«, dachte ich. »Aber ich kann mich doch nicht einfach von den Nachrichten der Welt abkoppeln«, sagte ich.

»Warum nicht?«, fragte mich Kiri.

»Weil ich doch auf dem Laufenden sein muss. Ich will doch nicht uninformiert sein«, fragte ich.

»Warum?«, fragte Kiri.

»Weil ich doch nicht hinter dem Mond lebe. Ich will doch auf Stand sein, um mitreden zu können«, sagte ich.

»Worüber redest du denn dann?«, fragte Kiri.

»Über alles Mögliche: Anschläge, Naturkatastrophen, steigende Preise, Arbeitslosigkeit, …«, erzählte ich.

»Welches der gerade genannten Themen hinterlässt bei dir ein gutes Gefühl, nachdem du dich darüber unterhalten hast?«, fragte Kiri.

Schlagartig dämmerte mir, was Kiri mir damit mitteilen wollte. »Du meinst damit, dass ich über diese Art von Nachrichten und indem ich darüber rede, Negativität in mein Leben bringe?«, fragte ich nach, um sicherzugehen, dass ich Kiri richtig verstanden hatte.

»Wie viel Positives findest du in den Nachrichten, beschäftigst dich dann damit und redest darüber?«, fragte Kiri.

»Wenn die Boston Celtics gewinnen, gibt es zumindest einen Grund, etwas Positives zu berichten«, sagte ich mit einem Lächeln. »Aber du hast recht, mir ist nur noch nie in den Sinn gekommen, dass ich selbst bestimmen kann, ob ich mich freiwillig mit Negativität belaste, immerhin machen das alle Menschen so.«

»Wirklich alle Menschen?«, fragte Kiri.

Ich dachte einen Moment lang angestrengt nach.

»Nein, mein bester Freund Neill spricht nie über Nachrichten. Dadurch wirkt er immer wesentlich entspannter, auch wenn ich ihn öfter damit aufziehe, dass er hinter dem Mond lebt«, antwortete ich.

»Was denkst du, wie sich die Negativität, der von dir genannten Themen auf dein Energieniveau auswirkt?«, wollte Kiri wissen.

»Direkt nach den Nachrichten und Neuigkeiten aus aller Welt fühle ich mich kraftlos und völlig ausgelaugt. Ich brauche dann erst wieder eine ganze Weile, bis ich die Nachrichten verdaut habe und nicht mehr aufgewühlt bin, sie kosten mich Energie.

Was schlägst du vor, was ich verbessern könnte?«, fragte ich.

39

»Darf ich dir eine Geschichte dazu erzählen?«, wollte Kiri von mir wissen.

»Ich liebe Geschichten«, sagte ich und war gespannt, was mir Kiri diesmal wohl erzählen würde.

Vor langer Zeit lebten zwei Brüder. Der eine lebte ein friedliches, besonnenes Leben. Er kümmerte sich gut um sich selbst, gut um seine Familie, gut um seine Freunde und sprach immer nur Positives. Ganz egal, was auch passierte, er fand immer eine Auslegung, wie er jede Situation optimistisch deuten konnte. Dieser Bruder lebte in einer Welt voller Harmonie, Freude, Fülle und Liebe.

Der andere Bruder beschäftigte sich mit anderen Dingen. Er war sehr interessiert an allerlei Geschehnissen um ihn herum, auf die er keinen Einfluss hatte. Er war süchtig nach Informationen, Sensationen und menschlichen Dramen, nach Hungersnöten, Erdbeben und Überflutungen. Und obwohl ihn nie selbst ein Elend ereilte, war sein Herz zerfressen von Negativität. Er lebte in einer Welt voller Neid, Missgunst, Mangel und Hass. Und je mehr er von diesen Themen in sich aufsaugte, umso sicherer war er sich, dass er in einer schlechten und gefährlichen Welt lebte.

Objektiv betrachtet lebten beide in exakt derselben Welt und dennoch lebten sie ein vollkommen unterschiedliches Leben.

»Und du meinst, ich sollte lieber mehr wie der erste Bruder sein?«, fragte ich.

»Was hältst du für erstrebenswerter?«, fragte Kiri.

»Natürlich scheint mir der Weg des ersten Bruders besser. Nur wie kann ich den Schalter umlegen?«, fragte ich Kiri.

»Wie wäre es, wenn du damit beginnst, dich morgens nicht mehr mit negativen Themen zu beschäftigen?«, fragte Kiri.

»Einfach so?«, fragte ich.

»Einfach so«, antwortete Kiri. »Besonders clevere Menschen suchen sich Gewohnheiten, die ihnen zusätzliche Lebensenergie bringen, anstatt sich selbst Energie zu entziehen.«

Und dann fiel endlich der Groschen bei mir: »Du meinst, indem ich deinem Vorbild folge und bereits morgens meditiere und Sport mache, kann ich mein Energielevel bereits am Morgen erhöhen?«

»Experimentiere einfach mit deinem Morgen herum. Finde für dich heraus, was dich stärkt und was dich schwächt. Am wichtigsten ist, dass dein Morgen zu dir passt und nicht zu irgendjemandem anderen», sagte Kiri.

»Ich danke dir für deine Ratschläge und werde das sehr gerne für mich in die Tat umsetzen, Kiri«, sagte ich und verneigte mich vor ihr.

40

Ich wollte gerade meinen Morgenspaziergang beginnen, da schoss mir ein weiterer Gedanke durch den Kopf. Es gab da ein Wort, das Kiri verwendet hatte, bei dem mein innerstes Selbst hellhörig wurde. Ganz so, als würde dadurch etwas in mir erwachen, das ich so noch nie gefühlt hatte. Etwas, was nur darauf gewartet hatte, endlich gerufen und beachtet zu werden.

»Du hast in einem unserer letzten Gespräche das Wort *Bestimmung* verwendet. Dieses Wort hat ganz tief in mir ein Kribbeln erzeugt. Wofür steht dieses Wort für dich?«, wollte ich von Kiri wissen.

»Du bist sehr gut darin geworden, die richtigen Fragen zu stellen«, sagte Kiri mit einem Lächeln.

»Danke! Ich lerne jeden Tag von meinen großartigen Lehrmeistern«, antwortete ich.

»*Bestimmung* bedeutet für mich, *mein* Leben zu leben. Das Leben, das mich erfüllt. Das Leben, das mich glücklich macht.

Meine Bestimmung ist mein Weg, den ich im Leben gehe. Dieser Weg muss nicht für andere Sinn ergeben oder erstrebenswert sein, es genügt vollkommen, wenn er das für mich ist. Meine Bestimmung ist mein Lebenssinn«, erzählte Kiri.

»Ist deine Bestimmung unverrückbar?«, fragte ich neugierig.

»Nein. Alles was lebt, verändert sich. Genauso hält es sich mit meiner Bestimmung. Meine morgige Bestimmung kann ganz anders aussehen, als meine heutige. Denn ich kann auch morgen eine ganz andere Person sein, als ich es heute bin. Einzig gleichbleibend ist immer die Tatsache, dass *meine* Bestimmung nur für *mich* gilt. Sie muss zu mir passen und mir morgens einen sehr guten Grund liefern, förmlich aus dem Bett zu springen und den Tag für mich erobern zu wollen«, sagte Kiri.

»Das klingt zu schön, um wahr zu sein. Und es freut mich sehr für dich, dass du deine Bestimmung gefunden hast. Kannst du auch meine Bestimmung herausfinden?«, fragte ich weiter.

»*Für dich* kann ich deine Bestimmung nicht finden. Da sie deine Bestimmung ist, kannst auch nur du für dich herausfinden, was sich richtig für dich anfühlt und was nicht. *Mit dir* kann ich mich sehr gerne auf die Suche nach deiner Bestimmung begeben«, sagte Kiri.

»Großartig! Du hilfst mir also dabei?«, wollte ich wissen und konnte kaum erwarten, mich auf die Suche nach meiner eigenen Bestimmung zu begeben.

»Natürlich. Darf ich dir zum Beginn eine Geschichte erzählen? Sie legt den Grundstein für unsere gemeinsame Suche«, sagte Kiri.

Prinzipiell war ich viel zu aufgeregt, um jetzt einer Geschichte zuzuhören, aber ich willigte ein und war gespannt auf das, was folgen sollte. Und Kiri erzählte mir *die Geschichte der alten Drachen*.

41

Vor langer Zeit lebten Drachen in unserer Welt. Sie waren die unumstrittenen Herrscher über alle Lebewesen: Pflanzen, Tiere und auch Menschen. Sie sorgten sich sehr um unsere Welt und bemerkten, dass einige Menschen ruhelos waren. Sie waren anders als die Tiere, denen ihr Weg im Leben von der Natur vorgegeben war.

Diese ruhelosen Menschen suchten nach ihrem Sinn im Leben, nach ihrer Bestimmung.

Die Drachen trafen sich, um zu beraten, wie sie ihren geliebten Geschöpfen helfen konnten.

»Wie können wir ihnen dabei helfen, ihre Bestimmung für ihr Leben zu finden?«, fragte der goldene Drache, der strahlender als die Sonne selbst über die Welt flog.

»Wir müssen sie vor eine Herausforderung stellen. Unsere Menschen lieben es, wenn sie sich erst beweisen müssen, um dann den Lohn für ihre Mühen zu empfangen. Es muss aber eine schier unlösbare Aufgabe sein, unsere Menschen dürfen

sich nicht unterfordert fühlen«, sagte der smaragdgrüne Drache, dessen Grün noch das satteste Grün des tropischen Regenwaldes in den Schatten stellte.

»Wie wäre es, wenn wir das Geheimnis ihrer Bestimmung auf dem höchsten Berg deponieren?«, fragte der türkisfarbene Drache, dessen Blau selbst das Wasser der Weltmeere überstrahlte.

»Zu einfach«, antwortete der smaragdgrüne Drache. »Die Menschen werden schon bald sämtliche Berge unserer Welt bezwungen haben.«

»Wie wäre es, wenn wir das Geheimnis ihrer Bestimmung an der tiefsten Stelle im Ozean versenken?«, fragte der feuerrote Drache, dessen rote Schuppen selbst das Lava der Vulkane blass und farblos erschienen ließen.

»Zu einfach«, antwortete der smaragdgrüne Drache. »Die Menschen werden einen Weg finden, selbst die tiefsten Tiefen der Ozeane zu erkunden.«

»Wie wäre es, wenn wir das Geheimnis ihrer Bestimmung an der lebensfeindlichsten Stelle in der Wüste verstecken?«, fragte der purpurne Drache, dessen Schuppen um ein Tausendfaches schöner strahlten als die untergehende Abendsonne.

»Zu einfach«, antwortete der smaragdgrüne Drache. »Die Menschen werden einen Weg finden, auch die lebensfeindlichsten Orte unserer Welt zu besiedeln.«

»Wie wäre es, wenn wir das Geheimnis ihrer Bestimmung ins Weltall schießen?«, fragte der schwarze Drache, dessen Schuppen dunkler waren als die tiefste, sternenlose Nacht.

»Zu einfach«, antwortete der smaragdgrüne Drache. »Die Menschen sind so einfallsreich, dass sie auch das Weltall nicht aufhalten wird.«

»Ich bin ratlos. Was sollen wir nur tun?«, fragte der orangefarbene Drache, dessen Anmut selbst die aufgehende Morgensonne verblassen ließ.

Da meldete sich der regenbogenfarbene Drache zu Wort, der die Diskussion bis dato nur als neugieriger Zuhörer verfolgt hatte: »Ich habe eine Idee, an welchem Ort wir das Geheimnis ihrer Bestimmung verstecken können, an dem die Menschen niemals suchen werden.«

»Wirklich? Wo kann das sein? Wir haben die Berge, die Meere, die Wüste und das Weltall als Möglichkeiten ausgeschlossen. Welchen Vorschlag hast du für uns?«, fragte der smaragdgrüne Drache voller Neugier.

»Unsere Menschen sind Abenteurer und Erfinder. Sie sind mutig und lassen sich von nichts und niemandem aufhalten. Wir müssen sie vor eine Herausforderung stellen, vor der jeder von ihnen zurückschreckt«, sagte der regenbogenfarbene Drache.

»Nun sag schon endlich, was soll diese Herausforderung sein?«, fragten alle anderen Drachen neugierig.

»Die Beschäftigung mit ihrem eigenen Herzen. Mit ihren Gefühlen, ihren Sehnsüchten, ihren Wünschen und Träumen. Seit Jahrhunderten laufen die Menschen davor so weit weg, wie sie ihre Beine tragen«, antwortete der regenbogenfarbene Drache.

Und so geschah es, dass die Drachen das Geheimnis der eigenen Bestimmung am tiefsten Punkt des Herzens jedes einzelnen Menschen versteckten. So tief, dass die meisten

Menschen schon allein vor dem Gedanken daran zurückschre-
cken, ihre eigene Bestimmung zu finden, da sie sich dafür mit
ihrem innersten Selbst beschäftigen müssten.

42

»Wie hat dir die Geschichte gefallen?«, wollte Kiri wissen.

»Ich wäge noch ab, ob ich das, was ich aus dieser Geschichte lernen durfte, tatsächlich wissen möchte«, antwortete ich.

»Hätte dir eine andere Antwort auf deine Frage, wie du deine Bestimmung finden kannst, besser gefallen?«, fragte mich Kiri.

»Ja. Ich hätte lieber eine allgemeingültige Antwort gehabt. Eine, die für alles und jeden gilt«, antwortete ich.

»Wenn sie für alles und jeden gilt, würde sie dann nicht gleichzeitig auch für niemanden gelten?«, fragte mich Kiri.

»Stimmt auch wieder. Du wolltest mir noch dabei helfen, wie ich meiner Bestimmung auf die Schliche kommen kann«, erinnerte ich Kiri mit einem Lächeln.

»Du hast recht, lass uns endlich loslegen«, sagte Kiri und ich sah ihr an, wie viel es ihr bedeutete, mir auf meinem Weg weiterzuhelfen. *»Ob das wohl ihre Bestimmung ist?«*, fragte ich mich.

»Ok, wo starten wir?«, fragte ich Kiri aufgeregt.

»Hast du bei der Geschichte gut aufgepasst?«, fragte Kiri und grinste mich an.

»In meinem Herzen? Muss das wirklich sein?«, fragte ich.

»Wo sonst könnten wir danach suchen? In alten Büchern?«, fragte Kiri.

»Das wäre mir in der Tat lieber. Aber gut, lass es uns probieren. Wie legen wir los?«, wollte ich von Kiri wissen.

»Bei uns auf der Insel unterscheiden wir zwei Gruppen von Menschen im Hinblick auf ihre Bestimmung, die *Bestimmungskinder* und die *Bestimmungsfinder*.

Die *Bestimmungskinder* sind diejenigen, die von früher Kindheit an wissen, was sie werden möchten und sie gehen von Anfang an voll in ihrer Rolle auf. Du merkst ihnen an, dass sie das, was sie tun, lieben. Das ist allerdings nur sehr wenigen Menschen vergönnt.

Der Großteil der Menschheit sind *Bestimmungsfinder*. Sie dürfen erst herumexperimentieren, bis sie ihren Weg im Leben finden. Ihre Bestimmung zeigt sich ihnen nicht direkt, sondern sie müssen sie erst in sich entdecken«, erzählte Kiri.

»Sind *Bestimmungskinder* die Sportstars, die bereits seit frühester Kindheit vollkommen für ihre Sache brennen?«, wollte ich wissen.

»Sportler sind ein sehr gutes Beispiel. Sie investieren sehr viel Zeit und Energie in ihre Bestimmung. An diesem Beispiel siehst du aber auch, dass die eigene Bestimmung kein festes Konstrukt ist, sie verändert sich mit der Zeit. Genauso wie sich ein Sportler nach seiner aktiven Karriere auf zu neuen Herausforderungen macht, so kann sich auch deine Bestimmung von einem auf den anderen Tag verändern, so ist der Fluss des Lebens«, sagte Kiri.

»Und was, wenn alle anderen Menschen auf der Welt eine Bestimmung haben, nur ich nicht?«, fragte ich.

»Du glaubst gar nicht, wie oft ich diese Frage schon gehört habe«, sagte Kiri mit einem Lachen. »Auf unserer Suche, wenn sich unsere Bestimmung uns einfach nicht zeigen möchte, zweifeln wir oft daran, ob es unsere Bestimmung denn wirklich gibt. Dann blicken wir neidisch auf die *Bestimmungskinder* und sagen: *'Für sie ist das ja einfach. Für sie ist vollkommen klar, was ihre Bestimmung ist. Ich hingegen habe gar keine Bestimmung.'*

Das benutzen wir als Ausrede. Wir geben uns einen einfachen Ausweg aus dieser Situation und begründen, warum wir nur nicht noch ausgiebiger und intensiver suchen müssen.«

»Ok, verstanden. Aber wie finde ich denn jetzt meine Bestimmung?«, fragte ich.

43

»Es gibt verschiedene Wege, wie du deiner Bestimmung auf die Schliche kommen kannst. Wir auf unserer Insel unterscheiden vier Hauptwege. Jeder Weg verfolgt eine andere Herangehensweise an das Thema. Bist du bereit? Vielleicht solltest du dir ein paar Notizen machen«, sagte Kiri.

Da ich schon in meiner Welt immer ein Notizbuch bei mir getragen hatte, habe ich es auf der Insel genauso gehalten. Ich zückte also Stift und Papier und war sehr gespannt darauf, was Kiri mir jetzt erzählen würde.

»Der erste Weg zäumt das Pferd von hinten auf: Wir betrachten unser Leben von unserem Lebensabend aus. Was denkst du, was viele Menschen im Alter bereuen?«, fragte Kiri.

»Zu wenig Zeit für die wichtigen Menschen in ihrem Leben gehabt zu haben?«, riet ich.

»Sehr gut. Und sie hatten zu wenig Zeit für ihre Liebsten, da sie zu viel Zeit damit vergeudet hatten, anderen Menschen gefallen zu wollen. Sie hatten zu viel Zeit damit verbracht, nicht sie selbst gewesen zu sein. Sie hatten zu viel Zeit mit unsinnigen und unwichtigen Tätigkeiten verbracht. Kurz gesagt: Würden Menschen in ihrem Lebensabend noch einmal die Chance bekommen, die Zeit zurückzudrehen, dann würden sie die Prioritäten in ihrem Leben anders setzen«, erzählte Kiri.

»Heißt das, dass sie ihr Leben bereuen?«, wollte ich wissen.

»Sicher nicht ihr ganzes Leben. Aber es gibt immer Bereiche, in denen sie sich gewünscht hätten, anders gehandelt zu haben. *'Mutiger sein'* und *'mehr für mich selbst einstehen'* sind zwei häufig genannte Punkte, was sie hätten anders machen wollen. *'Einfach das machen, wonach mir ist, solange es niemanden anderen negativ beeinträchtigt'* und *'authentisch ich selbst sein'*, das sind häufige Ratschläge, die alternde Menschen jüngeren mit auf den Weg geben, wenn die Jüngeren denn zuhören«, sagte Kiri.

»Verstehe. Und wie kann ich das für mich nutzen?«, wollte ich wissen.

»Wie *du* das für *dich* nutzen kannst, kann *ich* dir nicht sagen. Aber wenn du magst, kann ich dir erzählen, wie ich es für mich nutze«, sagte Kiri mit einem Grinsen.

»Sag schon«, entgegnete ich neugierig.

»Ich stelle mir bei anstehenden Entscheidungen und auch bei der Planung meines Tages immer die alte Frau vor, die ich einmal sein werde: Ich sitze dabei mit Tata auf einer Bank und wir schauen uns zusammen den Sonnenuntergang an. Meine Haare sind mittlerweile allesamt weiß und Tatas Haare alle ausgefallen. Unsere Haut ist faltig und unsere Jugend ist schon lange vorbei.

Wir betrachten gemeinsam den Sonnenuntergang und unterhalten uns. Wir reden über unsere Söhne und welch große Ehre wir hatten, sie in ihr Leben zu begleiten. Wir unterhalten uns über unsere Enkel, durch die wir die Chance hatten, noch einmal für Kinder da sein zu dürfen, ohne die komplette Verantwortung zu tragen.

Wir unterhalten uns über uns als Paar. Wie wir es immer wieder geschafft haben, uns auch Zeit für uns beide zu nehmen. Und wir unterhalten uns über Tata. Was er für ein grandioser Mensch ist und wie viel Freude er in die Welt gebracht hat. Und wir unterhalten uns über mich. Wie viel Gelassenheit, Ruhe und Herzlichkeit ich in den Herzen der Menschen gesät habe.

Dies ist meine Idealvorstellung meiner Zukunft. Und jede Entscheidung, die ich zu treffen habe, ordne ich dieser Idealvorstellung unter. Ich frage mich bei jeder Entscheidung: Bringt mich meine Wahl näher an dieses

Ideal von mir oder entferne ich mich dadurch von mir selbst?«, erzählte Kiri.

»Das ist beeindruckend, Kiri«, sagte ich und mir fiel noch etwas ein, was ich unbedingt ergänzen wollte: »Und du bringst bereits heute jede Menge Gelassenheit, Ruhe und Herzlichkeit in die Herzen der Menschen.«

»Vielen Dank«, sagte Kiri mit einem strahlenden Lächeln.

44

»Wie lautet der zweite Weg, um die eigene Bestimmung herauszufinden?«, fragte ich neugierig.

»Beim zweiten Weg geht es darum, herauszufinden, was du im Leben wirklich möchtest«, sagte Kiri.

»Leichter gesagt als getan«, warf ich ein.

»Der Grund dafür ist, dass wir verlernt haben, auf unser Herz zu hören. Unser Herz wurde viel zu oft von unserem Verstand in seine Schranken verwiesen. *'Das tut man nicht!'*, *'Was sollen denn die anderen denken?'*, *'Sei nicht so egoistisch!'*, sind nur ein paar Formulierungen, die wir hier allzu gern verwenden«, sagte Kiri.

»Das kommt mir sehr bekannt vor«, gestand ich. »Aber wie schaffe ich es, wieder mehr auf mein Herz zu hören?«

»Das ist ganz einfach und das kannst du dir von jedem Kind abschauen«, sagte Kiri und ihre Augen strahlten. Das taten sie immer, wenn Kiri von Kindern sprach. »Probiere verschiedene Dinge aus. Fühl dabei in dich hinein, ob es etwas für dich ist. Wir sind oft viel zu sehr aufs Denken fixiert, so dass wir unsere Gefühle, unser Herz und auch unser Bauchgefühl oft rational überstimmen. Dabei müssen wir nur unserem Herzen wieder die Chance geben, sich mitteilen zu dürfen.«

»Du meinst also, ich soll einfach nur verschiedene Dinge ausprobieren und ich merke dann schon selbst, was etwas für mich ist und was nicht?«, fragte ich Kiri.

»Exakt. In jedem von uns schlummern vergessene Instinkte, die nur darauf warten, erweckt zu werden. Ist es dir schon einmal passiert, dass du etwas zum allerersten Mal gemacht hast und es hat sich dennoch vollkommen natürlich für dich angefühlt?«, wollte Kiri wissen.

Ich überlegte einen Moment. »In der Tat. In meinem ersten Jahr an der Universität habe ich zum ersten Mal Lacrosse gespielt. Ich hatte in meiner Kindheit immer gedacht, das wäre nichts für mich und habe diesen Sport somit immer gemieden. Aber als ich das erste Mal den Schläger in der Hand hielt, ging für mich alles ganz natürlich«, erzählte ich und war selbst überrascht.

»Das ist ein gutes Beispiel für einen schlummernden Instinkt. Und wir haben davon noch jede Menge in uns, wir müssen sie nur entdecken«, sagte Kiri.

»…indem wir sie einfach ausprobieren«, ergänzte ich ihren Satz.

»Haargenau«, sagte Kiri und grinste. »Und weißt du, was wir uns dabei auch noch von Kindern abschauen dürfen?«

»Was denn?«, fragte ich neugierig.

»Kinder lassen sich von anderen Kindern inspirieren. Sie sehen, wie ein anderes Kind auf einen Baum klettert und machen es nach. Sie kommen nicht auf so verworrene Ideen wie wir Erwachsenen: *'Jemand anderes klettert bereits auf einen Baum, dann kann ich das nicht mehr machen'* oder *'Was denken denn die anderen über mich, wenn ich nicht hochkomme?'«*

»Diese Gedanken kommen mir nur zu bekannt vor«, sagte ich.

»Wir alle haben sie hin und wieder. Aber wenn wir nur unseren Gedanken regelmäßig bewusst lauschen, können wir sie als Unsinn abtun, uns neugierig wie Kinder verhalten und nie damit aufhören, die Welt zu erkunden«, sagte Kiri.

»Und wie finde ich jemanden, der mich inspiriert?«, fragte ich.

»Gibt es Menschen, die du bewunderst?«, fragte Kiri zurück.

»Jede Menge sogar. Ich bewundere viele Sportler für ihre eiserne Disziplin, und frühere Sportler für ihren ganz eigenen Lebensweg, den sie nach ihrer aktiven Karriere als Trainer oder im Geschäftsleben eingeschlagen haben«, sagte ich.

»Und haben ein paar von ihnen Bücher geschrieben?«, wollte Kiri wissen.

»Es gibt jede Menge Biografien über sie und ihr Leben«, antwortete ich.

»Liest du gerne?«, fragte Kiri und mir ging ein Licht auf.

45

»Und der dritte Weg?«, fragte ich.

»Der dritte Weg, um deiner Bestimmung auf die Schliche zu kommen, ist der *Was-wäre-wenn-Weg*. Miki, unser Zahlen- und Buchstabenakrobat nennt ihn liebevoll den *'Weg der 3 Ws'*«, erzählte Kiri und zwinkerte mir zu.

»Wie bringt mich dieser Weg meiner Bestimmung näher?«, wollte ich wissen.

»Lass mich dir eine Frage stellen: In welchem Zusammenhang verwendest du die drei Worte *'Was wäre, wenn'*?«, fragte Kiri.

Ich überlegte kurz und antwortete dann: »Eine meiner am häufigsten verwendeten Formulierungen dazu lautet *'Was wäre, wenn es schiefgehen würde?'*.«

»Und damit bist du auch bei der absoluten Mehrheit der Menschheit anzutreffen. Wir alle benutzen Was-wäre-wenn-Formulierungen vor allem für Negatives. Für eine Katastrophe, die eintreten könnte und wir uns dagegen wappnen müssen. Dabei können wir den Spieß auch einfach umdrehen«, sagte Kiri.

»Wie meinst du das?«, wollte ich wissen.

»Wer sagt denn, dass bei *'Was wäre, wenn'* immer etwas Schlechtes herauskommen muss? Wer sagt denn, dass wir uns nicht auch für das bestmögliche Ergebnis wappnen sollten?«, fragte Kiri und man merkte ihr an, wie wichtig ihr dieses Thema war.

»Von dieser Perspektive aus habe ich das noch nie betrachtet. Für mich war schon immer klar, dass ich mich für die Dinge im Leben wappnen muss, die schiefgehen könnten«, sagte ich.

»Und das ist bei dem Großteil der Menschheit der Fall. Wir kommen oft gar nicht darauf, uns vorzustellen, wie es sein könnte, wenn uns etwas gelingt. Viel zu oft lassen wir uns von den scheinbar drohenden negativen Konsequenzen gleich ganz vom Starten abhalten. Wir schaffen es noch nicht einmal in den Startblock, während wir unser ganzes Leben davon träumen, ein Rennen zu laufen. Und eines Tages wachen wir auf und sind körperlich nicht mehr in der Lage, zu unserem Rennen anzutreten«, sagte Kiri.

»Und wie gelingt es mir umzudenken?«, fragte ich neugierig.

»Was passiert in dir, wenn du an ein mögliches Scheitern denkst?«, fragte Kiri.

»Dieser Gedanke in meinem Kopf breitet sich in meinen ganzen Körper aus. Meine Nackenhaare stehen mir zu Berge, meine Atmung wird schneller und mir wird am ganzen Körper heiß. Allein der Gedanke daran macht mich fix und fertig«, erzählte ich und allein indem ich daran gedacht hatte, merkte ich, wie mein Körper dieses Gefühl durchlebte.

»Das alles ist die Macht unserer Gedanken. Und wir können sie zum Positiven oder zum Negativen einsetzen. Was denkst du, wie du dich fühlen würdest, wenn du nur durch die Macht deiner Gedanken solch starke Gefühle für deine Bestimmung entwickeln könntest?«, fragte mich Kiri.

Ich merkte, wie sich mein Körper nach und nach entspannte. Meine negativen Gefühle klangen ab und ich versuchte mir vorzustellen, wie grandios es sein würde, ein eigenes Startup zu gründen. Unsere eigenen Chefs zu sein, eigene Entscheidungen zu treffen. Fehler zu machen, daraus zu lernen und besser zu werden. Eigene Angestellte einzustellen, mit denen wir gemeinsam an unseren Traum glauben. Krisen zu meistern, Erfolge zu feiern - ich kam aus der Vorstellung gar nicht mehr hinaus. In meinem Körper breitete sich ein Kribbeln und eine wohlige Wärme aus.

Und ich hatte eine gedankliche Klarheit, die ich so noch nie in meinem Leben verspürt hatte.

46

»Wenn ich mich nicht verzählt habe, dann fehlt noch der vierte Weg«, sagte ich.

»Ganz genau, dies ist der Weg der Schicksalsschläge«, sagte Kiri. »Wenn einen Menschen ein Schicksalsschlag ereilt, kommt dieser Mensch oft als völlig anderer aus diesem Erlebnis hervor. Und damit meine ich nicht nur rein körperlich, wenn ein Mensch einen schweren Unfall hat und danach nicht mehr laufen kann. Oft führt ein Schicksalsschlag zu einem kompletten Umdenken. Die eigene Zeit auf dieser Welt wird gänzlich anders wertgeschätzt und neu bewertet. Von diesem Zeitpunkt an priorisieren viele Menschen gänzlich anders. Sie verwenden ihre Zeit bewusster.

Und in einigen dieser Menschen brennt nach einem Schicksalsschlag ein ganz besonderes Feuer. Ihr Feuer wird genährt von dem Bestreben, das sie andere Menschen vor ihrem durchlebten Schicksal beschützen wollen. Sie ziehen los, um diesen Missstand zu bekämpfen, der zu ihrem Schicksalsschlag geführt hat. Oftmals stehen dahinter Geschichten, die uns im Herzen berühren und wir bewundern diese Menschen für ihren Mut, ihre Stärke und ihren Willen, niemals aufzugeben.«

»Ein Freund von mir hat einen schweren Autounfall nur ganz knapp überlebt. Nach diesem Unfall hat er sein Leben komplett umgekrempelt, achtet präzise darauf, wofür er seine Lebenszeit verwendet und hilft anderen Menschen dabei, ihr Leben nach ihren Vorstellungen zu gestalten«, erzählte ich.

»Exakt solche Menschen meine ich. Sie haben durch ihren Schicksalsschlag bemerkt, wie schnell das Leben vorbei sein kann. Und in solchen Momenten hinterfragen wir, warum wir eigentlich das tun, was wir tun. Wir fragen uns, ob wir wirklich schon bereit wären abzutreten. Oder ob da nicht noch mehr in unserem Leben sein sollte, bevor wir eines Tages diese körperliche Welt verlassen«, sagte Kiri. »Es gibt aber noch eine Sache, die wir uns alle von diesen Menschen abschauen können.«

»Welche denn?«, wollte ich interessiert wissen.

»Wir können uns die Wichtigkeit des eigenen Lebens und die Kostbarkeit der eigenen Lebenszeit von ihnen abschauen. Schicksalsschläge dienen Menschen als Wachrüttler. Es ist aber gar nicht notwendig, dass wir darauf warten, dass uns selbst so ein Schlag trifft, damit wir aufwachen. Wir können genauso gut von anderen lernen, ohne direkt daran beteiligt sein zu müssen. Wir können von dem Mann mit dem Verkehrsunfall lernen, dass Lebenszeit kostbar ist«, erzählte Kiri.

»*Von dieser Warte aus hatte ich das noch nie betrachtet*«, dachte ich und überlegte, von wem ich wohl was lernen konnte.

47

»Einen ganz besonderen Tipp zum Thema Bestimmung habe ich noch für dich und er ist diesmal sogar allgemeingültig. Magst du ihn hören?«, fragte Kiri.

»Schieß los«, sagte ich.

»Wenn dir heute noch keine Antworten auf die Frage nach deiner Bestimmung einfallen, ist das nicht weiter tragisch. Diese Frage benötigt Zeit, um die für dich richtigen Antworten hervorzubringen. Dir selbst Druck zu machen, bringt dabei nichts. Sobald du bereit dafür bist, werden die passenden Antworten zu dir kommen. Diese Zeit musst du dir einfach geben. Da viele Menschen aber zu Ungeduld neigen und in der Zwischenzeit, bis sie ihre Fragen für sich beantwortet haben, dennoch bereits den Weg ihrer Bestimmung gehen möchten, gibt es bei uns im Stamm einen allgemeingültigen Weg:

'Bis du den Weg deiner Bestimmung für dich gefunden hast, lerne jeden Tag etwas dazu. Wachse jeden Tag an dir und am Leben ein kleines Stückchen mehr. Mach Erfahrungen, sei neugierig, sei achtsam und offen für die Welt. Sei aktiv und

heiße Veränderungen willkommen, der Fluss des Lebens steht niemals still.'

Ein Besucher aus deiner Welt hat das für mich ganz passend mit diesem Satz auf den Punkt gebracht: *'Bis ich meine Bestimmung gefunden habe, bin ich einfach jeden Tag die beste Version meiner selbst.'*«

»Diese Worte gefallen mir«, sagte ich und dann kam mir noch ein weiterer Gedanke. »Kann nicht auch das direkt meine Bestimmung sein, die beste Version von mir selbst zu sein?«

»Du bist wirklich weit für dein körperliches Alter«, sagte Kiri und grinste mich an. »Es hat in der Tat viel damit zu tun. Um es für mich noch stimmiger zu umschreiben, habe ich es für mich noch ein wenig ergänzt. Magst du meine Variante hören?«, fragte mich Kiri.

»Und ob«, antwortete ich.

»Ich bin jeden Tag die authentischste, die beste und die liebevollste Version meiner selbst«, sagte Kiri,

»*Dem war nichts mehr hinzuzufügen*«, dachte ich und ging gedanklich noch einmal durch, was ich gerade gelernt hatte und niemals wieder vergessen wollte.

48

Nachdem ich den Morgen mit intensiven Gesprächen mit Kiri verbracht hatte, lud Tata mich ein, heute mit ihm wie versprochen aufs Meer zu fahren. Er wollte mir seine Leidenschaft fürs Fischen näherbringen.

Da ich das Meer liebte, sagte ich zu und freute mich schon sehr auf unsere Bootsfahrt. Wir beluden Tatas

Boot mit Netzen, Proviant und Eimern für die gefangenen Fische und fuhren los. Es war ein strahlender Sonnentag und die Meeresbrise sorgte für eine angenehme Abkühlung.

Als wir gerade losfuhren, fiel mir eine Frage ein, die ich Tata schon immer stellen wollte, seitdem ich diesen Begriff zum ersten Mal gehört hatte: »Tata, was machst du in deiner *Stimmungswandelhütte*?«

»Darf ich dich fragen, wie du mit dem Gefühl Wut umgehst?«, fragte Tata zurück.

»Gar nicht. Ich verbiete mir, wütend zu sein«, antwortete ich ehrlich.

»Warum?«, fragte Tata.

»Weil ich gelernt habe, dass Wut ein Gefühl ist, das man kontrollieren muss und nicht zeigen darf«, sagte ich.

»Und deine Kontrolle lautet, dein Gefühl zu unterdrücken?«, bohrte Tata weiter.

»Exakt«, antwortete ich.

»Damit bist du in sehr guter Gesellschaft. Viele Menschen erlauben sich Gefühle nicht, die sie als negativ ansehen. Sie unterdrücken diese Gefühle und hoffen, dass sie so von selbst wieder verschwinden«, sagte Tata.

»Tun sie das denn nicht?«, wollte ich wissen.

»Für eine gewisse Zeitlang kann das klappen. Oft gelangen diese Gefühle aber zu einem späteren Zeitpunkt wieder an die Oberfläche. Und dann viel stärker als bei ihrem ersten Auftauchen. Das gleicht dem Ausbruch eines Vulkans: Die unterdrückten Gefühle brechen sich einen Weg durch die obere Schale und manche Menschen verlieren dann komplett die Kontrolle«, sagte Tata.

»Du meinst den berühmten Tropfen, der das Fass zum Überlaufen bringt?«, wollte ich wissen.

»Sehr gut formuliert. Es genügt dann nur ein klitzekleiner Auslöser, der all die aufgestauten Gefühle befreit. Die Person gegenüber versteht dann oft die Welt nicht mehr, da die Reaktion auf das aktuelle Ereignis völlig unverhältnismäßig ausfällt. Dabei bezieht sich die Reaktion auf das aktuelle Ereignis und alles vorher Angestaute«, erzählte Tata.

»Ich verstehe, was du mir erzählst. Nur was hat das mit deiner Hütte zu tun?«, fragte ich.

»Willst du wissen, wie ich mit Gefühlen wie Wut umgehe?«, fragte mich Tata.

»Bei der Ausgeglichenheit, die du verkörperst, würde ich vermuten, dass du nie wütend wirst, sondern immer ausgeglichen bist«, sagte ich.

»Danke für dein Kompliment. Der Grund für meine Ausgeglichenheit liegt darin, dass ich meine Gefühle fühle und sie dann weiterziehen lasse. Wenn ich wütend werde, werde ich wütend. Ich unterdrücke das Gefühl nicht. Ich achte allerdings penibel darauf, dass ich meine Wut nicht an jemandem auslasse. Das ist der Grund, warum ich mich, wenn ich wütend werde, in meine *Stimmungswandelhütte* zurückziehe. Wütend rein, ausgeglichen und glücklich wieder raus, so einfach ist das«, sagte Tata und strahlte mich dabei an.

»Und was genau machst du jetzt in dieser Hütte?«, wollte ich interessiert wissen.

»Ich mache Sport, ich meditiere, ich denke nach. Alles Tätigkeiten, die mich zu mir selbst zurückbringen und meine Balance wiederherstellen«, sagte Tata.

»Hast du dafür eine bestimmte Reihenfolge, die für dich am besten funktioniert?«, fragte ich.

»Wenn ich wütend bin, muss ich meine Wut rauslassen. Deshalb starte ich mit körperlichen Aktivitäten. Ich habe mir dafür aus einem alten Segel und Sand einen *Wutgegner* gebaut. In deiner Welt nennt ihr das *Boxsack*, wenn ich mich richtig erinnere. Schon nach fünf Minuten, die ich mit voller Power gegen meinen *Wutgegner* kämpfe, merke ich, wie mein Wutpegel merklich sinkt.

Sobald ich völlig erschöpft bin, meditiere ich. Durch Meditation beruhige ich meine Gedanken. Denn auch wenn ich körperlich wieder beruhigt bin, gilt das noch lange nicht für meinen Geist. Durch das Sitzen in Stille gebe ich meinen Gedanken die Zeit, die sie brauchen, um wieder zur Ruhe zu kommen. Mein Geist ist in diesem Moment wie eine Flasche, in der sich Sand und Wasser befindet. Und diese Flasche wurde stark geschüttelt. Wenn du mit dem Schütteln aufhörst, ist der Sand immer noch aufgewühlt und es dauert eine ganze Weile, bis sich die einzelnen Körner wieder am Boden absetzen.

Der dritte und letzte Schritt, um wieder voll und ganz bei mir anzukommen, ist das Nachdenken. Sobald sich sowohl mein Körper, als auch meine Gedanken beruhigt haben, gehe ich die Situation, die mich so wütend gemacht hat, noch einmal in Ruhe durch. Ich stelle mir

Fragen, was mich da so berührt hat und warum. Fast immer hat das überhaupt gar nichts mit der Person zu tun, die mich so wütend gemacht hat, sondern mit mir. Ich ärgere mich dann über Verhaltensmuster, die mir an einer anderen Person auffallen, die ich an mir selbst nicht mag. Und dadurch werde ich wütend. Wut entsteht aus Angst, Überforderung oder Machtlosigkeit. Und mit jedem Mal, wenn ich wütend werde, lerne ich mehr über mich selbst. Ich lerne, an welcher Stelle ich noch an mir arbeiten darf, damit mich diese Situation zukünftig nicht mehr aus dem Gleichgewicht bringen kann.

Meine *Stimmungswandelhütte* hat mir sehr dabei geholfen, ins Reine mit mir selbst zu kommen. Und seitdem ich sie nicht mehr so oft brauche, um meine Stimmungen zu wandeln, habe ich mir eine Hängematte vor die Hütte gehängt, damit ich sie nutzen kann, um einfach nur mit mir selbst zu sein.«

»Interessante Vorgehensweise. Ich kenne kaum jemanden, der offen zugibt, dass er wütend wird und dieses Gefühl zulässt«, sagte ich.

»All unsere Gefühle wollen uns etwas mitteilen. Sie sprechen zu uns, doch viel zu oft verschließen wir unsere Ohren vor ihnen. Oder wir lassen nur die Gefühle zu, die wir als gut und gesellschaftlich akzeptiert betrachten, wie Liebe, Mitgefühl oder Freude. Aber auch jedes andere Gefühl gehört zu uns. Wir tragen einen bunten Blumenstrauß an Gefühlen in uns, von dem sich die meisten Menschen nur einen ganz kleinen Bruchteil an Gefühlen erlauben. Dadurch verpassen sie viel im Leben. Wahre Freude kannst du nur fühlen, wenn du auch

Leid kennst«, sagte Tata. »Und es gibt noch einen ganz wichtigen Vorteil, wenn du deine Gefühle nicht unterdrückst, willst du ihn hören?«

»Auf jeden Fall«, antwortete ich.

Und Tata erzählte mir *die Geschichte von den zwei Vulkanen.*

49

Vor langer Zeit existierten zwei benachbarte Inseln zu unserer Insel. Beide waren Vulkaninseln und auf beiden gab es jeweils einen riesigen Vulkan, der vor Magma nur so strotzte. In ihnen brodelte das glühend heiße Feuer des Innersten unserer Erde und verlangte danach, als Lava auszutreten.

Doch die Art und Weise, wie sich diese Naturgewalten Bahn brachen, war bei beiden Vulkanen vollkommen unterschiedlich. Der erste Vulkan brach in sehr regelmäßigen Abständen von weniger als einem Jahr aus. Die Erde bebte und Lavaflüsse bahnten sich den Weg vom Gipfel des Vulkans bis zum Meer. Die Ausbrüche waren aber nie so heftig, dass die Natur auf dieser Insel gänzlich verschwand. Diese Insel war auch nach einem Ausbruch noch ein Lebensraum für Tiere und Pflanzen.

Der andere Vulkan brannte genauso heiß in seinem Inneren, brach aber über viele Jahrzehnte gar nicht aus. Bis zu jenem schicksalhaften Tag, an dem sich alles für diese Vulkaninsel verändern sollte: Die über all die Jahrzehnte angestaute Energie dieses Vulkans entlud sich in einem riesigen, alles überwältigenden Ausbruch. Die Erde bebte und die Sonne verfinsterte sich. Lava strömte über jeden einzelnen Stein auf dieser Insel. An diesem einzigen Tag wurde sämtliches Leben auf dieser Insel ausgelöscht.

In Gedanken noch völlig bei dieser Geschichte sah ich mich um. »Ist diese Geschichte wahr?«, wollte ich von Tata wissen.

»Oh ja«, antwortete dieser.

»Ich sehe aber nur eine Nachbarinsel zu eurer Insel. Wo ist die andere?«, fragte ich verwirrt.

»Vor langer Zeit waren es zwei. Bis der Vulkan, von dem sehr lange Zeit geglaubt wurde, dass er sowieso niemals ausbrechen würde, dann doch ausgebrochen ist. Die Naturgewalt seiner angestauten Energie teilte die Insel in der Mitte und das Meer holte sich zurück, was ihm ursprünglich geraubt wurde«, sagte Tata.

»Kann das auch bei uns Menschen passieren?«, wollte ich wissen.

»Du hast also verstanden, warum ich dir diese Geschichte erzählt habe«, stellte Tata mit einem zufriedenen Gesichtsausdruck fest. »Wenn du deine Gefühle zu lange unterdrückst, stauen sie sich auf. Sie sind dadurch nicht einfach weg, nur weil du sie in diesem Moment nicht fühlen willst. Sie sammeln sich. Und warten auf Situationen, in denen du unachtsam bist. Und wenn sich genügend dieser ähnlich gearteten, unterdrückten Gefühle in dir angestaut haben, dann fühlen sie sich stark genug und wagen einen Ausbruch. Und das oft in Situationen, die kaum etwas mit deiner angestauten Wut selbst zu tun haben. Es ist der berühmte Tropfen, der das Fass zum Überlaufen bringt. Und dann reagieren wir in einer Heftigkeit, die für die Situation völlig unangemessen ist. Wir verlieren die Kontrolle über uns und unsere über lange Zeit unterdrückten Gefühle übernehmen das Steuer.«

»Ich werde mich dann doch lieber für den ersten Vulkan entscheiden und meine Gefühle regelmäßig rauslassen, anstatt sie anzusammeln, bis sie die Kontrolle über mich übernehmen«, sagte ich.

»Und das Allerbeste daran ist, dass wir so wieder ein viel besseres Verhältnis zu unseren Gefühlen bekommen. Jedes einzelne Gefühl will uns etwas mitteilen, nur viel zu oft hören wir einfach nicht zu«, sagte Tata.

50

Als wir an der Stelle angekommen waren, an der Tata am heutigen Tag seine Netze auswerfen wollte, erklärte er mir in aller Ruhe, was es zu tun gab: »Du musst das Netz hinten im Boot einhaken. So ziehen wir es hinter uns her, während wir unsere Runde fahren.«

Ich tat, wie mir geheißen wurde und wir fuhren Tatas geplante Route bei herrlichem Wetter. Es roch nach Salz und Seevögel drehten über uns ihre Runden.

»Schau mal nach unten«, sagte Tata zu mir.

Das Meer war kristallklar und in dem tiefblauen Wasser unter uns zogen riesige Fischschwärme vorbei.

»Schau mal ein bisschen weiter links«, ergänzte Tata, als er merkte, dass mein Blick an den Fischen hängengeblieben war.

Und dann sah ich etwas Längliches, was auf den ersten Blick wie eine Wasserschlange aussah.

»Ist das ein Aal?«, fragte ich Tata.

»Ganz genau. Aale sind ganz erstaunliche Fische. Wusstest du, dass diese Tiere, einem inneren Ruf folgend, oft mehr als 5.000 Kilometer zurücklegen, um sich immer im selben Gebiet fortzupflanzen?«, fragte mich Tata.

»Nein, das wusste ich noch nicht«, gab ich ehrlich zu. Ich wusste aber auch nicht so recht, was mir dieses Wissen in meinem Leben bringen sollte.

»Sie finden immer hierher zurück, ganz egal, wo sie davor gelebt haben. Ganz so, als hätten sie eine Art inneren Kompass«, sprach Tata weiter. »Glaubst du, dass auch wir Menschen einen inneren Kompass haben?«

»Wo sollte der liegen?«, fragte ich mit wachsender Neugier an dem, was mir Tata gerade erzählen wollte.

»Darf ich dir noch eine Geschichte erzählen?«, fragte mich Tata.

»Immer«, antwortete ich und konnte kaum erwarten, was Tata mir wohl dieses Mal mit auf meinen weiteren Weg geben wollte.

Und Tata erzählte mir *die Geschichte vom inneren Kompass*:

Vor langer Zeit lebte ein alter Zitteraal, der nichts lieber tat, als anderen Fischen Mut zuzusprechen. Er liebte es, wenn seine Meeresmitbewohner durch seine Worte mehr an sich selbst glaubten und mutig ihren Weg schwammen. Er geleitete sie auf ihren eigenen Weg im Leben, dem sie fortan folgten, als hätten sie seitdem eine Art inneren Kompass in sich, der ihnen in jeder Lebenssituation den Weg wies.

Einen kleinen Fisch hatte er ganz besonders lieb. Sein Name war Lloyd. Lloyd war ein mutiger Fisch, den der alte Zitteraal gerne beobachtete, wenn dieser wieder einmal weit hinausschwamm, um das Meer zu erkunden. Der alte Zitteraal bemerkte bei Lloyd eine Rastlosigkeit, die er bei den wenigsten Fischen sah. Da der alte Zitteraal merkte, wie Lloyd seine Ruhelosigkeit zu schaffen machte, schwamm er eines Tages zu ihm, um mit ihm darüber zu reden.

»Wo möchtest du in deinem Leben hin, Lloyd?«, fragte der alte Zitteraal.

»Ich weiß es einfach nicht. Es treibt mich immer fort. Immer muss ich neue Wege entdecken, immer muss ich woanders hin. Immer bin ich getrieben, aber mein Ziel ist mir nicht klar«, erzählte Lloyd.

Der alte Zitteraal nickte wissend: »Ich kannte vor vielen Jahren schon einmal einen Fisch, der Ähnlichkeit mit dir hatte.«

»Wirklich? Ich dachte immer, ich wäre der einzige Fisch, der diese Probleme hat. Meine Freunde sind alle anders als ich«, sagte Lloyd.

»Jeder Fisch ist anders. Und das ist auch gut so. Und dennoch gibt es Herausforderungen, vor denen wir alle eines Tages stehen«, erzählte der alte Zitteraal. »Der Fisch, von dem ich sprach, war von einer inneren Rastlosigkeit getrieben. Er war immer beschäftigt, immer unterwegs und kam doch nie dort an, wo er hinwollte.«

»Was ist aus diesem Fisch geworden?«, wollte Llyod wissen.

»Es kam für diesen Fisch der Tag, an dem sich für ihn alles verändern sollte. Seit diesem Tag an war er nicht mehr ein Getriebener des Lebens. Möglicherweise hatte unser kleines Gespräch etwas damit zu tun«, sagte der alte Zitteraal geheimnisvoll.

»Du konntest ihm helfen? Bitte hilf auch mir! Was hast du ihm gesagt?«, fragte Lloyd aufgeregt.

»Ich habe ihm nur eine einzige Frage gestellt. Und nach dieser Frage, auf die ich keine Antwort von ihm erwartet habe, hat er sein Leben von heute auf morgen verändert. Er war immer noch aktiv und produktiv. Er war immer noch viel auf Achse. Aber er wirkte nicht mehr ruhelos, er wirkte zielgerichtet. Fast so, als hätte er an diesem Tag seinen inneren Kompass gefunden«, erzählte der alte Zitteraal.

»Jetzt sag schon endlich, was hast du ihn gefragt?«, bettelte Lloyd, der es kaum erwarten konnte, wie die Frage lautete.

»Die eine Frage, die ich ihm gestellt hatte, lautete: 'Warum lässt du deinen Kopf ans Steuer deines Lebens, wenn dieser Platz doch für dein Herz reserviert ist?'«

51

»Wie gefällt dir die Geschichte?«, fragte mich Tata.

»Ich muss mich erst noch an sprechende Fische und Zitteraale gewöhnen, aber die Idee mit dem inneren Kompass gefällt mir. Wer hätte nicht gerne einen Kompass, der dir in jeder Situation in deinem Leben den richtigen Weg weist?«, fragte ich.

»Oh, wir alle haben diesen Kompass in uns. Nur viele von uns vermuten ihn an der falschen Stelle. Der Kopf ist ein sehr guter Diener, aber ein äußerst schlechter Herrscher«, sagte Tata mit einem breiten Grinsen.

»Wirklich? Warum kann ich ihn dann nicht einsetzen, wenn ich vor einer wichtigen Entscheidung wie meiner Berufswahl stehe?«, wollte ich erstaunt wissen.

»Weil du verlernt hast, ihn zu verwenden. Was denkst du, wer noch besser auf sein Herz hören kann, ein Erwachsener oder ein Kind?«, wollte Tata wissen.

»Definitiv ein Kind«, sagte ich.

»Richtig. Kinder leben uns jeden Tag vor, wie sie direkt aus dem Herzen sprechen und Entscheidungen aus dem Bauch heraus treffen. Da gibt es kein ausuferndes Abwägen von Vor- und Nachteilen. Sie hören in sich hinein und sagen dann, was sie fühlen«, sagte Tata.

»Warum ist das bei uns Erwachsenen nicht mehr der Fall?«, fragte ich.

»Beim Erwachsenwerden wurden mehr und mehr Erwartungen an uns herangetragen. Wir wurden dazu aufgefordert, uns anzupassen. Unsere Rolle in der Gesellschaft zu spielen. Wir haben so lange unser eigenes Herz verleugnet, bis wir eines Tages den Ruf unseres Herzens gar nicht mehr hören konnten. Für viele kommt das Erwachen dann erst im Laufe ihres Erwachsenenalters, wenn wir uns Fragen stellen wie *Ist das wirklich schon alles im Leben?* und *Sollte es da nicht noch mehr geben?*. Ab diesem Zeitpunkt lernen wir wieder mehr und mehr auf unser Herz zu hören. Darauf zu lauschen, was uns in unserem Innersten berührt. Und dann, Stück für

Stück, wieder mehr davon in unser Leben zu holen, um das Leben zu leben, das schon sehnsüchtig auf uns wartet.«

»Hörst du deinen inneren Kompass immer?«, wollte ich von Tata wissen.

»Manchmal mehr, manchmal weniger. Ich habe für mich herausgefunden, dass ich ihn besonders gut höre, wenn ich mit mir selbst im Reinen bin. Wenn ich hingegen emotional aufgewühlt bin, funktioniert meine Kompassnadel in etwa so gut, als würde jemand einen Magneten ganz schnell im Kreis um meinen Kompass drehen«, erzählte Tata.

»Wie kann ich es schaffen, dass ich meinen inneren Kompass wieder besser höre?«, wollte ich wissen.

»Wie lernt ein Kind laufen?«, stellte mir Tata eine Gegenfrage.

»Indem es immer wieder zu laufen übt, bis es eines Tages klappt«, antwortete ich.

»Und läuft es dann bereits seit den ersten erfolgreichen Schritten mit den besten Schritten seines Lebens oder verbessert es die Technik noch mit der Zeit?«, fragte mich Tata.

»Übung macht den Meister. Die ersten Schritte sind vermutlich noch etwas unsicher, aber die ersten Erfolge animieren das Kind, es immer weiter zu probieren und immer besser zu werden«, antwortete ich.

»Genau so verhält es sich mit deinem inneren Kompass«, sagte Tata.

»Wie einfach diese Welt doch ist, wenn man damit beginnt, die grundlegendsten Zusammenhänge zu begreifen«, dachte ich.

52

»Eine Sache will ich dich noch fragen, Tata«, sagte ich, nachdem wir eine Weile das Meer in gemeinsamem Schweigen genossen hatten.

»Was denn?«, wollte Tata wissen.

»Woher weißt du immer, was der für dich richtige Weg im Leben ist?«, fragte ich.

»Das weiß ich gar nicht«, gab Tata ehrlich zu. »Aber ich habe einen Weg gefunden, wie ich für mich die bestmögliche Entscheidung treffen kann. Wenn du magst, erkläre ich dir meine Methode und du kannst dir überlegen, ob du etwas davon für dich übernehmen willst.«

»Sehr gern«, antwortete ich.

»Du weißt ja, dass ich zwei sensationelle Söhne, eine wundervolle Frau und einen aufgeweckten Hund um mich habe. Diese Menschen und dieses Tier verlassen sich auf mich. Sie verlassen sich darauf, dass ich da bin und einen Ausweg kenne, wenn ein Sturm aufkommt, unsere Insel überflutet wird, oder die Welt untergeht. Natürlich ist es nicht möglich, immer den richtigen Weg zu kennen und dennoch werde ich immer ihr Fels in der Brandung sein, komme was da wolle.

Ich werde zu jeder Zeit Souveränität ausstrahlen. Ich muss meiner Familie Halt geben, wenn sie selbst nicht wissen, wo es langgeht.

Stell dir dazu folgende Situation vor: Du fährst mit einem Schiff übers Meer, ein Unwetter kommt auf, das Schiff rammt während des Sturms einen Felsen, schlägt leck und wird sinken. Es gibt zwei Szenarien, wie der Kapitän handeln wird.

Im ersten Szenario gibt der Kapitän Anweisungen, dirigiert seine Mannschaft, lässt alle Passagiere in die Rettungsboote bringen und strahlt Zuversicht aus, dass alle gerettet werden und dieses Schiffsunglück ein gutes Ende nehmen wird.

Im zweiten Szenario weiß der Kapitän nicht so recht, was er tun soll. Soll er die Passagiere in die Rettungsboote bringen lassen, auf Gefahr hin, dass der Sturm die Boote zum Kentern bringt? Oder soll er noch länger auf die Luftrettung warten, während das Schiff bereits sinken könnte? Der Kapitän ist sich unsicher und gibt keine klaren Anweisungen. Die Mannschaft ist führungslos und Panik macht sich breit.

Auf welchem Schiff wärst du lieber, eins oder zwei?«

»Auf dem ersten Schiff natürlich«, antwortete ich.

»Natürlich. Aber wer sagt dir denn, dass der Kapitän tatsächlich weiß, ob er die bessere Entscheidung getroffen hat, indem er die Passagiere in die Rettungsboote bringen lässt? Vielleicht ist der Sturm ja doch zu stark für die Rettungsboote und sie werden auch sinken«, sagte Tata.

»Stimmt. Und dennoch wäre ich lieber bei einem Kapitän, der eine klare Entscheidung trifft und alles daransetzt, diese Entscheidung in die Tat umzusetzen«, sagte ich.

»Exakt. Ob diese Entscheidung dann tatsächlich die richtige ist, wird sich noch herausstellen. Aber in der Situation selbst ist es wichtig, jemanden zu haben, der Sicherheit ausstrahlt. Und der den Menschen um sich herum Kraft und Ruhe gibt. Das ist meine Aufgabe in meiner Familie. Und dafür wähle ich die bestmögliche Option und setze sie um«, sagte Tata.

»Und wie kommst du zu der Entscheidung, was die bestmögliche Option ist?«, wollte ich wissen.

»Hier habe ich einen kleinen Trick entwickelt«, sagte Tata mit seinem typisch breiten Grinsen.

»Mach's nicht so spannend, was machst du?«, fragte ich voller Neugier.

»Ich gebe die Verantwortung für die Entscheidung einfach ab«, sagte Tata.

»An wen denn?«, wollte ich wissen. Ich rechnete fest damit, dass jetzt Gott, das Universum oder eine andere allumfassende Kraft mit einbezogen werden würde.

»An mich in zehn Jahren«, sagte Tata.

»An dich in zehn Jahren?«, fragte ich ungläubig.

»Ich stelle mir vor, wer ich in zehn Jahren sein werde. Und viel wichtiger noch, *wie* ich in zehn Jahren sein werde. Die ideale Version meiner selbst. Und jedes Mal, wenn ich nicht genau weiß, wie ich mich entscheiden soll, hol ich mir Rat von meinem zehn Jahre älteren Ich. Immerhin hat es ja zehn Jahre Lebenserfahrung mehr auf dem Buckel als ich«, sagte Tata lachend.

»Eine interessante Idee«, sagte ich und überlegte mir, wie ich wohl in zehn Jahren sein würde.

53

»Es ist an der Zeit, die Netze einzuholen«, sagte Tata zu mir. Und so machten wir uns daran, die Netze auf unser Boot zu ziehen und unseren Fang zu begutachten.

Tata brachte mir bei, dass wir nur Fische ab einem bestimmten Alter mitnahmen. Dazu zeigte er mir, wie wir pro Fisch, der von der Größe her in Frage kam, eine einzige Schuppe anritzten. So machten das Neulinge wie ich, die Fischen ihr Alter nicht auf einen Blick ansehen konnten. Jede Schuppe besteht aus einzelnen, übereinander gelagerten Plättchen. Diese Plättchen verhalten sich wie Jahresringe bei einem Baum, pro Plättchen ist der Fisch ein Jahr alt.

Zu junge Fische warfen wir wieder ins Meer, denn sie haben ja noch ihr Leben vor sich, so Tata. Wir kehrten mit reicher Beute ans Ufer zurück. Zuvor markierte Tata noch auf seiner Karte, in welchem Bereich wir heute gefischt hatten. Dies war notwendig, um den Fischbestand nicht zu sehr auszudünnen, dass das Ökosystem darunter litt.

»Was machst du mit den vielen Fischen?«, fragte ich Tata.

»Das ganze Dorf freut sich schon auf frische Fische«, sagte Tata. »Ein paar behalte ich für uns, der Rest wird geteilt.«

»Muss man etwas dafür tun, um von deinen Fischen etwas abzubekommen?«, wollte ich wissen.

»Ja, man muss zum Dorfplatz kommen und sich einen holen, ich liefere nicht«, lachte Tata. »Aber wenn du damit eine Gegenleistung meinst, nein, der bedarf es nicht.«

»Das ist sehr nobel von dir«, sagte ich. »In meiner Welt würden sie verkauft werden an diejenigen, die am meisten dafür bieten.«

»Dieses Prinzip hat uns ein früherer Besucher auch schon erläutert, wir haben aber den Nutzen darin nicht erkannt. Wie könnte ich guten Gewissens essen, während andere meines Stammes nicht genug zu essen haben?«, fragte Tata.

»Wo ich herkomme, gibt es viele arme Menschen. Manche leben auf der Straße, ohne Dach über ihrem Kopf«, sagte ich.

»Und was tust du dagegen?«, fragte mich Tata und sah mir dabei tief in die Augen.

»Was sollte ich schon dagegen tun können? Ich bin nur ein einzelner Mensch und das Elend zu groß für mich allein«, gab ich zu.

»Jede noch so große Reise beginnt mit einem ersten kleinen Schritt. Wenn jeder von uns seinen Beitrag leistet, können wir Großes bewirken. Sei du Vorbild für deine Mitmenschen und tu, was in deiner Macht steht. Um mehr brauchst du dich gar nicht zu kümmern«, sagte Tata und just in diesem Moment kamen wir wieder am Ufer an.

54

Die nächsten Stunden verbrachte ich in einer Hängematte, um mich auszuruhen und meinen Gedanken zu lauschen. Tata hatte heute Abend vor, mich noch einmal mit ins Dorf zu nehmen und ich war schon sehr gespannt darauf.

Kiri und ihre beiden Jungs hatten heute Sportabend, sie nannten ihn *Kinderolympiade*. Jeder durfte sich lustige und sportliche Spiele ausdenken, die sie dann zusammen spielten.

So machten Tata und ich uns an diesem Abend alleine auf ins Dorf. Als wir dort ankamen, hörten wir wieder Musik und Gelächter.

»Schon wieder ein Fest zu meinen Ehren?«, fragte ich Tata im Scherz.

»Ein Fest: Ja. Zu deinen Ehren: Nein«, antwortete Tata.

»Gibt es noch einen Besucher?«, wollte ich wissen.

»Nein. Du bist aktuell unser einziger Gast. Aber natürlich verrate ich dir gerne den Grund für unsere heutige Feier: Einer unserer ältesten Dorfbewohner ist letzte Woche verstorben und wir verabschieden uns heute von seiner körperlichen Hülle«, sagte Tata gerade so, als wäre das etwas ganz Natürliches.

»Wie bitte? Es ist jemand gestorben? Und wieso gibt es dann Gelächter und Musik?«, fragte ich irritiert und konnte das Verhalten der Inselbewohner überhaupt nicht nachvollziehen.

»Ich sehe deinem Gesichtsausdruck an, dass unser Verhalten für dich sehr ungewohnt sein muss. Einer unserer früheren Gäste hat mir erzählt, wie ihr euch von euren Toten verabschiedet. Alle tragen schwarz und trauern, keiner lacht.

Jede Gemeinschaft hat unterschiedliche Wege, mit dem Unvermeidlichen umzugehen. Und wir haben den Weg der Freude gewählt. Wir erinnern uns heute Abend mit dem ganzen Dorf daran, was für ein toller Mensch er gewesen ist und wie sehr wir unsere gemeinsame Zeit genossen haben. Seine körperliche Hülle braucht er nun nicht mehr, da wo er jetzt hingegangen ist«, erzählte Tata.

»Aus diesem Blickwinkel heraus hatte ich den Tod und die Verabschiedung eines geliebten Menschen noch nie betrachtet«, dachte ich und dann schoss mir eine Frage durch den Kopf, die ich Tata unbedingt stellen wollte: »Hast du Angst vor dem Tod?«

»Es gab eine Zeit, in der ich deine Frage mit *'Und wie!'* beantwortet hätte. Ich haderte mit der Sinnlosigkeit des Lebens. Wenn wir doch sowieso eines Tages sterben müssen, wozu dann das Ganze? Wozu etwas aufbauen und erschaffen, wenn ich eines Tages nicht mehr sein werde, um es zu bewundern? Wozu einen Baum pflanzen, wenn ich doch sowieso nie die Gelegenheit dazu hätte, in seinem Schatten auszuruhen?

Du kannst dir vorstellen, dass diese Art von Gedanken kein besonders freundschaftliches Verhältnis zu der Unvermeidbarkeit meines Ablebens geschaffen haben.

Mit der Geburt meines ersten Sohnes veränderten sich die Fragen, die ich mir im Hinblick auf das Leben und den Tod stellte. Ich fing an, mich zu fragen, wie ich meine Zeit am sinnvollsten nutzen konnte, um diesen jungen Menschen, den ich über alles liebe, in sein Leben zu begleiten. Wie kann ich es anstellen, dass ich Spuren der Liebe in seinem Herzen hinterlasse?

Das Leben hat für mich seit diesem Moment einen tieferen Sinn bekommen. Meine Aufmerksamkeit lag jetzt auf meiner Familie und Stück für Stück kamen meine Gedanken weg von einer Zentriertheit auf mich selbst, hin zum Fokus auf die Gemeinschaft. Und diese Gemeinschaft erweiterte sich über die Jahre noch von meiner Familie hin zu all meinen Mitmenschen.

Wie kann ich mein Leben bestmöglich leben, um meinen Mitmenschen zu helfen? Wie kann ich Spuren in ihren Herzen hinterlassen?

Diese neuen Fragen haben alles für mich verändert. Der Tod gibt dem Leben erst seinen Wert. Er erinnert uns daran, dass wir nicht ewig auf dieser Welt verweilen können und unsere Träume, Wünsche und Ziele heute verfolgen müssen. Er gehört genauso zum Leben, wie die Nacht zum Tag gehört.«

55

»Hast du Angst vor dem Tod, Scott?«, wollte Tata von mir wissen.

»Und wie! Ich wache regelmäßig schweißgebadet auf, weil ich einen Albtraum zu diesem Thema habe, der mich seit Jahren verfolgt. In diesem Traum bin ich ein alter Mann und sitze auf einer Parkbank und beobachte junge Menschen, wie sie ihr Leben noch vor sich haben. Manche von ihnen wissen ihre Lebenszeit zu schätzen. Viele hetzen nur durch den wunderschönen Park, um von einem Termin zum nächsten zu gelangen. Am liebsten beobachte ich Kinder, denn sie haben ungetrübte Freude am Leben«, erzählte ich.

»Klingt erstmal nicht nach einem allzu schrecklichen Traum. Was lässt dich dabei schweißgebadet aufwachen?«, fragte Tata.

»In diesem Traum bereue ich, dass ich meinem Leben nicht mehr Leben eingehaucht habe, als ich noch die Kraft dazu hatte. Mein ganzes Leben bin ich fleißig und gewissenhaft gewesen und habe in verschiedenen großen Konzernen gearbeitet, für die ich Überstunden ohne Ende gemacht habe. Rückblickend betrachtet war das nicht das, was mir Erfüllung gebracht hat. Ich hätte mehr Zeit mit meiner Familie verbringen sollen, und mit meinen Freunden, und mit den Dingen, die mir Spaß machen im Leben.«

»Denkst du, dass dir dieser Traum etwas mitteilen möchte?«, fragte mich Tata.

»Hauptsächlich erinnert er mich an meine Angst vor dem Tod«, antwortete ich.

»Ist es wirklich die Angst vor dem Tod, die dich bereuen lässt?«, bohrte Tata nach.

Ich dachte einen Moment darüber nach. »Du hast recht. Es ist nicht die Angst vor dem Tod. Es ist die Angst davor, mein Leben nicht mit genug Leben gefüllt zu haben, bevor meine Zeit gekommen ist«, antwortete ich.

Tata grinste. »Was gibt es da zu grinsen?«, wollte ich von ihm wissen.

»Du hast die Antwort auf diese Frage die ganze Zeit selbst gewusst. Ich habe dir nur die passende Frage gestellt, damit du sie dir selbst beantworten konntest«, sagte Tata.

»*Da hatte Tata in der Tat recht*«, dachte ich und war sehr dankbar dafür, dass ich auf dieser Insel gelandet war. Und wenn ich schon hier war, konnte ich die Zeit doch gleich noch nutzen, um mir ein wenig mehr von der Weisheit der Inselbewohner mitzunehmen: »Wie besiegt man die Angst vor dem Tod, Tata?«

»Du lernst schnell, die richtigen Fragen zu stellen, Scott«, sagte Tata mit seinem breitesten Grinsen. »Und ich beantworte dir diese Frage sehr gerne. Erinnerst du dich an Nanna Nuri?«

»Natürlich, wie könnte ich sie vergessen?«, fragte ich Tata.

»Sehr gut. Sie hat mir damals sehr dabei geholfen, meine Angst vor dem Tod zu besiegen, vielleicht hilft ihr Ratschlag ja auch dir.

Nanna Nuri hatte auch lange Zeit große Angst vor dem Tod. Sie hatte die Befürchtung, in ihrem Leben die falsche Abzweigung genommen zu haben und hatte viele Jahre nicht so gelebt, wie ihr Herz es sich gewünscht hätte. Als sie bemerkt hatte, dass sie sich auf einem falschen Pfad befand, ging sie zurück zu dem Punkt, an dem sie falsch abgebogen war und lebte von dort an ihr Leben, wie sie es für richtig hielt. Es gab für sie noch so viele Dinge, die sie unbedingt vor ihrem Ableben erleben wollte. Und deswegen hatte sie panische Angst, dass ihr der Tod zuvorkommen würde.

Das war jetzt vor ungefähr 30 Jahren. Und bis heute erfreut sie sich bester Gesundheit. Und den Tod fürchtet sie auch nicht mehr. Sie hat eine Formulierung, die sie sehr gerne verwendet, wenn sie darüber spricht, wie sie ihre Angst vor dem Tod überwunden hat, willst du sie hören?«, fragte Tata.

»Mach's nicht so spannend«, sagte ich und konnte kaum erwarten, was Tata zu sagen hatte.

»Nanna Nuri sagt immer: '*Ab dem Zeitpunkt, ab dem ich das Leben lebte, das ich mir selbst aus tiefstem Herzen ausgesucht hatte, gab es für mich keinen Grund mehr Angst vor dem Tod zu haben. Ich hatte meine wichtigste Lektion im Leben gelernt und bin dankbar für jeden neuen Tag, den das Leben mir schenkt - und bis heute waren es sehr viele neue Tage'*«, beendete Tata seine Geschichte.

»Vielen Dank, Tata, das hilft mir sehr«, sagte ich zu meinem Gastgeber und war gerührt von der Weisheit dieser Frau mit so viel Lebenserfahrung.

56

»Hast du Interesse daran, dich mit ein paar Gästen zu unterhalten, um deren Ansichten zu Leben und Tod kennenzulernen?«, fragte mich Tata.

Auch wenn das nun wirklich nicht mein Lieblingsthema war, so war ich doch der Ansicht, dass es nie etwas schaden konnte, verschiedene Blickwinkel kennenzulernen. »Gerne«, antwortete ich und wir gingen den Festhügel hinauf.

Das Fest unterschied sich kaum von dem Fest, das mir zu Ehren abgehalten wurde. Die Tische waren feierlich gedeckt, eine Band spielte Musik und die Fackeln umrahmten das wundervolle Ambiente. Diesmal gab es zusätzlich eine Anrichte, sie diente wohl der Verabschiedung von dem Toten.

»Komm, ich möchte dir ein paar meiner Freunde vorstellen«, sagte Tata und ich folgte ihm zu einer kleinen Gruppe von Frauen und Männern. Es waren acht Personen gänzlich unterschiedlichen Alters. Tata stellte mich vor und wir fingen an, uns zu unterhalten.

»Weißt du, wir sehen das körperliche Leben als nur eine Station von vielen an. Wir kamen aus dem Universum und gehen danach auch wieder ins Universum zurück. Im körperlichen Leben geht es für uns darum, Erfahrungen zu machen und als Mensch zu wachsen. Wenn dieser Abschnitt vorüber ist, beginnt ein neuer Abschnitt. Ähnlich wie die Zeit im Mutterleib mit der Geburt endet«, erzählte eine Frau, die Luana hieß.

»Jeder, der seine körperliche Hülle hinter sich lässt, ist wieder mit seinen Vorfahren vereint. Sie haben sich schon lange aufeinander gefreut und jetzt ist endlich die Zeit der Wiedervereinigung«, ergänzte ein Mann namens Akoni.

»Seid ihr nicht traurig, dass dieser Mensch nicht mehr unter euch weilt?«, wollte ich wissen.

»Er weilt immer unter uns. In unseren Herzen. Nur seine körperliche Hülle hat jetzt ausgedient. Wir freuen uns für ihn, dass er jetzt mit seinen Ahnen speist. Wie könnten wir da traurig sein?«, fragte der Mann.

»Das ist eine interessante Betrachtungsweise. Hatte er Kinder?«, wollte ich wissen.

»Ja, vier«, antwortete eine Frau namens Inaya.

»Und ist es für sie nicht hart?«, wollte ich wissen.

»Natürlich ist das Ende des körperlichen Lebens eine große Veränderung. Und natürlich verändert sich dadurch auch das Leben seiner früheren Frau und seiner Kinder. Wir betrachten diese Veränderung allerdings in einem positiven Licht«, antwortete Akoni.

»Komm mit, ich möchte dir etwas zeigen«, sagte Inaya und nahm mich mit zu der Anrichte.

Gerade standen zwei Männer im besten Alter neben dem Podest und redeten mit der Urne, die darauf stand. Sie erzählten eine Geschichte, lachten viel dabei und hoben dabei immer wieder die positiven Eigenschaften des Verstorbenen hervor.

»Es gibt eine goldene Regel bei uns, willst du sie hören?«, fragte mich Inaya.

»Sehr gern«, antwortete ich und war schon gespannt, worum es ging.

»Du darfst bei einer Totenfeier nur Komplimente wiederholen, die du diesem Menschen schon zu Lebzeiten gemacht hast«, sagte sie.

»Die beiden Männer haben aber gerade sehr viele Komplimente erwähnt«, flüsterte ich Inaya zu.

»Sie haben ihm auch sehr viele Komplimente zu Lebzeiten gemacht, die drei waren beste Freunde«, flüsterte Inaya verschwörerisch zurück.

»Willst du den tieferen Sinn hinter dieser goldenen Regel hören?«, fragte mich die Frau.

»Unbedingt«, antwortete ich.

»Unsere Ahnen haben diese Regel eingeführt, damit wir nicht auf die Abschiedsrede warten, um unseren

Mitmenschen zu sagen, wie großartig wir sie finden. Wir wollen bereits zu Lebzeiten unseren Mitmenschen mitteilen, was wir an ihnen bewundern, was wir toll finden und wofür wir sie schätzen. Diese goldene Regel lernen bei uns bereits die Kleinsten. Sie fangen somit direkt beim Erlernen unserer Sprache damit an, hervorzuheben, was sie an anderen Kindern und am Leben mögen«, sagte sie.

»Ein interessantes Konzept«, sagte ich und musste mit einem beklemmenden Gefühl daran denken, dass die meisten Menschen in meiner Welt wohl erst bei ihrer Trauerrede von vielen ihrer Mitmenschen erstmalig mit liebevollen Worten bedacht werden.

»Wie viel schöner wäre unsere Welt wohl, wenn wir unseren Mitmenschen zu jeder Zeit sagen würden, was wir an ihnen schätzen und was für großartige Menschen sie sind?«, dachte ich für mich.

57

Tata ging nach dem Fest zusammen mit mir nach Hause und wir genossen den Heimweg in Schweigen. Ich hatte gerade einiges zu verdauen und zu hinterfragen und Tata, als einfühlsamer Gastgeber, merkte das sofort und verstrickte mich deshalb nicht in ein Gespräch. Wie sehr ich doch Menschen schätzte, mit denen ich nicht nur reden, sondern auch schweigen konnte.

Tatas Familie schlief schon seelenruhig, als wir nach Hause kamen. Nur der Hund wurde von uns geweckt und freute sich, als hätte er Tata und mich tagelang nicht gesehen und wedelte mit dem Schwanz, während er uns stürmisch begrüßte. Nach dieser kurzen Dosis Lebensfreude pur, die dieser Hund ausstrahlte, ging ich zu Bett.

Am nächsten Tag entschied ich mich dazu, die Insel auf eigene Faust zu erkunden. Kiri und Tata halfen mir bei der Zubereitung meines Proviants und wünschten mir eine spannende Zeit und ich konnte es kaum erwarten, alleine loszuziehen.

Ich entschied mich dafür, die Hügel zu erkunden. Genau wie Wasser haben Berge für mich eine magische Anziehungskraft. Ich genoss es, alleine durch den Dschungel zu laufen und war begeistert vom Anblick dieses Naturschauspiels. Alles um mich herum war entweder in einem satten Grün oder kunterbunt. Blüten versuchten mit ihren schillernden Farben Bienen anzulocken. Insekten surrten und klackten überall, dazu das Gezwitscher der Vögel und hier und dort schwang sich ein Affe von Ast zu Ast. Ich spürte eine mir vorher unbekannte Verbindung zur Natur und zu ihren Lebewesen.

Als ich auf eine Anhöhe kam, lichtete sich der Dschungel, bis ich gänzlich im Freien stand. Von hier oben hatte ich einen sagenhaften Ausblick aufs Meer. »Paradies«, war der einzige Gedanke, der mir dazu einfiel.

»Hey Scott«, vernahm ich da eine mir vertraute Stimme und ich sah Isi, wie sie mit den Beinen über einen Abgrund baumelnd den Ausblick genoss.

»Hi Isi! Komm da weg, du könntest runterfallen«, sagte ich besorgt.

»Entspann dich. Ich würde den Sturz locker überleben. Komm, setz dich zu mir«, sagte Isi.

Ich gesellte mich zu ihr, blieb aber in sicherem Abstand zum Abgrund.

»Ein grandioser Ausblick, nicht wahr?«, fragte mich Isi.

»In der Tat atemberaubend«, antwortete ich.

»Wie sieht der Ausblick auf dein Leben aus, Scott?«, fragte mich Isi mit ihrer gewohnt direkten Art.

»Ich bin jetzt sicher, was der für mich richtige Weg ist. Allerdings habe ich Angst«, sagte ich.

»Wovor?«, wollte Isi wissen.

»Ich habe Angst davor, dass es mit unserem Startup nicht klappt. Angst davor, dass wir scheitern. Und Angst davor, abgelehnt zu werden«, erzählte ich.

»Die gute alte Angst«, sagte Isi mit einem breiten Grinsen. »Ich erzähl dir jetzt mal eine Geschichte. Hör gut zu, denn sie passt ganz hervorragend zu dir.«

58

Es waren einmal elf mutige Frösche. Sie machten sich auf, einen neuen Lebensraum für ihren Stamm zu suchen. Ihr Teich wurde zu klein und sie waren sich sicher, dass es noch mehr hinter diesem Teich geben musste.

Also sprangen diese Frösche los und machten sich auf den Weg durch das hohe Schilfgras, um herauszufinden, was dahinter lag.

Mitten in diesem Schilfgras gab es allerdings, gut verdeckt von dünnen Grashalmen, eine tiefe Grube. Keiner der Frösche sah die Gefahr und mit einem Sprung waren sie alle gefangen. Jeder der Frösche versuchte mit all seiner Kraft aus der Grube zu springen, es gelang aber keinem von ihnen. Dann quakten sie so laut sie konnten und schafften es dadurch, dass der Rest ihres Stammes auf sie aufmerksam wurde.

Der Stamm versammelte sich um die tiefe Grube. Die Frösche in der Grube sprangen weiterhin verzweifelt umher, in der Hoffnung, irgendwie herauszukommen. Der älteste Frosch sah sich die Lage vom oberen Rand der Grube an und sagte: »Hoffnungslos! Da kommt ihr nie wieder hinaus. Die Grube ist zu tief und ihr könnt nicht hoch genug springen. Gebt lieber auf und spart euch die Versuche.«

Und da der Älteste hohes Ansehen genoss, stimmten die anderen Frösche mit ein und versuchten die Frösche in der Grube von ihrem sinnlosen Unterfangen abzubringen.

Und wirklich, ein Frosch nach dem anderen hörte damit auf, es weiterhin zu versuchen. Sie ergaben sich ihrem Schicksal. Bis auf einen einzigen Frosch, der weiter wie von Sinnen versuchte, der Grube und damit dem sicheren Tod zu entrinnen. Die Frösche oberhalb der Grube redeten immer wilder auf ihn ein, sie schrien ihn förmlich an. Der Frosch aber sprang weiter und weiter.

Und mit einem Mal gelang es ihm: Über einen raffinierten Sprung an eine schräge Wand und direkt weiter nach oben, schaffte er den rettenden Sprung aus der Grube und war in Sicherheit.

Der Froschälteste war sehr beeindruckt von dieser Meisterleistung, viel mehr war er aber noch erstaunt, dass der Frosch immer weiter gesprungen war, obwohl ihn doch so viele von der Sinnlosigkeit seines Unterfangens überzeugen wollten. Also ging er zu dem Frosch und fragte ihn, warum er nicht aufgegeben hatte.

Der Frosch sah den Ältesten an und fing an wie wild mit seinen Fingern zu fuchteln, sagte aber kein Wort.

Und da begriff der Älteste, wen er da vor sich hatte: Es war Sordo, der taube Frosch. Er hatte die anderen Frösche und ihre gut gemeinten Ratschläge einfach nicht hören können.

»Verstehst du, was ich dir mit dieser Geschichte sagen möchte?«, fragte Isi.

»Du rätst mir, dass ich nicht auf die anderen hören, sondern stattdessen meinen Weg im Leben gehen soll?«, fragte ich.

»Ganz genau, *sei der taube Frosch*«, sagte Isi. »Wovor hast du am meisten Angst?«

»Ich habe Angst davor, abgelehnt zu werden. Ich würde so gerne von jedem Menschen gemocht werden«, sagte ich.

»Das wird jetzt hart für dich werden, Scotty-Boy, aber ich werde es so kurz und schmerzlos für dich machen, wie nur möglich«, sagte Isi und ich wusste nicht so recht, wozu das die Einleitung werden sollte.

»Das wird niemals passieren. Egal was du tust oder nicht tust, es wird immer Menschen geben, die dich einfach nicht mögen werden. Du kannst der netteste, der fürsorglichste, der tollste und der bestaussehendste Mann auf der Welt sein und doch wird es Menschen geben, die dich nicht mögen werden. Und du kannst absolut nichts dagegen unternehmen. Du kannst ein liebenswerter Mensch sein und hoffen, dass viele Menschen dich mögen. Aber zwingen kannst du sie dazu nicht, sie werden ihre Entscheidung selbst treffen«, sagte Isi.

Das hatte gesessen. In so einer Deutlichkeit hatte mir noch nie jemand gesagt, dass ich hier möglicherweise einem falschen Hasen hinterherjagte.

»Wie gehst du damit um, wenn dich jemand nicht mag?«, wollte ich von Isi wissen.

»Wie kommst du auf die Idee, dass mich irgendjemand nicht mögen könnte?«, funkelte Isi mich an.

»A-aber, d-du hast doch g-gerade g-gesagt, dass es immer Menschen geben wird, die einen nicht mögen werden«, stotterte ich nervös vor mich hin.

»Ich nehme dich nur auf den Arm, Scotty-Boy. Du solltest echt mal dein Gesicht sehen, absolut unbezahlbar«, sagte Isi und lachte.

»Ein gelungener Scherz«, gab ich zu und durch ihr ehrliches Lachen, das nichts Verletzendes, sondern reine Freude enthielt, konnte ich ihr darüber nicht böse sein.

»Also, zurück zu deiner Frage: Es gibt genau einen einzigen Menschen, dem ich und mein Leben gefallen müssen. Denn dieser eine Mensch wird eines Tages sehr hart mit mir ins Gericht gehen, wenn ich es vergeigen sollte, mein Leben nach seinen Vorstellungen gelebt zu haben. Von wem spreche ich wohl?«, fragte mich Isi.

»Von dir selbst«, sagte ich.

»Richtig. Natürlich ist es schön viele Freunde zu haben, die einen mögen. Viel wichtiger ist es aber, die richtigen Freunde zu haben, die dich dafür mögen, wie du in deinem Innersten wirklich bist. Es ist unendlich viel wertvoller, eine Handvoll Freunde um dich herum zu haben, die dich exakt so mögen, wie du bist, als einen riesigen Freundeskreis zu haben, der dich so mag, wie du dich nach außen gibst, ohne dass das wirklich du bist.

Viele von uns verstecken ihr Innerstes viel zu lange vor dieser Welt aus Angst vor Ablehnung. Sie haben Angst, dass ihr innerstes Selbst nicht liebenswert ist. Dass ihr innerstes Selbst nicht den Regeln und Normen unserer Gesellschaft entspricht. Und deshalb passen sie sich an. Sie halten mit ihrer Meinung hinter dem Berg und tun alles, um gemocht zu werden. Auch wenn sie sich dafür so verbiegen müssen, dass sie gar nicht mehr selbst gemocht werden, sondern nur das Image, das sie von sich erzeugen. Möchtest du so werden, Scotty-Boy?«, fragte mich Isi.

»Wenn du das so formulierst, liegt die Antwort klar auf der Hand: Nein, natürlich nicht. Ich möchte so gemocht werden, wie ich wirklich bin«, antwortete ich.

»Bingo. Und das gelingt dir am besten, indem du jeden Tag ein bisschen mehr du selbst bist und ein bisschen weniger darüber nachdenkst, was wohl andere Menschen über dich denken könnten. Was andere über dich denken, sagt im Normalfall sowieso mehr über die anderen als über dich aus. Und die wahren Freunde, die dich dafür lieben, dass du so bist, wie du bist, denken und urteilen sowieso nicht über dich, sondern sie akzeptieren und lieben dich so, wie du bist«, sagte Isi.

»Vielen Dank, Isi, ich kann echt noch viel von dir lernen«, sagte ich.

»Und ob«, sagte Isi, schwang sich auf und kam auf mich zu.

59

»Komm mit, ich zeig dir was«, sagte Isi und wartete erst gar nicht auf eine Antwort von mir. Sie war fest davon überzeugt, dass ich ihr sowieso hinterhergehen würde. *»Mit was für einem Selbstverständnis Isi durchs Leben geht, faszinierend…«*, dachte ich und machte mich natürlich auf, ihr zu folgen.

Wir liefen ein paar Minuten durch den Dschungel, immer weiter bergauf. Isi voraus und ich erpicht darauf, nicht den Anschluss zu verlieren. Dann öffnete sich der grüne Vorhang des Dschungels und wir standen auf einem kleinen Plateau. Von hier oben hatten wir wirklich eine sensationelle Aussicht auf die Insel und das Meer. Ich konnte sogar die kleine Hütte erkennen, in der ich meine erste Nacht auf dieser Insel verbracht hatte.

»Wolltest du mir den Ausblick zeigen?«, fragte ich Isi.

»Nein, den kriegst du als gratis Zugabe zu dem, was ich dir zeigen will«, sagte Isi mit ihrem breitesten Grinsen. »Dreh dich mal um.«

Und ich drehte mich um…

Und ich sah ein gespanntes Seil, das bestimmt 50 Meter oder länger war und sehr viel weiter unten im Grün des Dschungels verschwand. Ich fing direkt an schneller zu atmen und mir lief es eiskalt den Rücken hinunter.

»Na, Scotty-Boy, habe ich zu viel versprochen?«, fragte mich Isi.

»Du willst doch nicht wirklich, dass ich auf diesem Seil hinunterrutsche?«, fragte ich in der Hoffnung, dass sich das alles nur um ein Missverständnis handeln würde.

»Ich werde es auf jeden Fall machen. Was du machst, liegt in deiner Hand«, sagte Isi. »Weißt du, wer dein bester Freund gegen Angst ist?«

»Wer denn?«, wollte ich wissen.

»Schnelligkeit. Angst wächst, wenn du länger über etwas nachdenkst. Je mehr Zeit du der Angst gibst, desto bunter malt dir dein Kopf das allerschrecklichste Szenario überhaupt aus. Und unser Kopf ist sehr geübt darin. Immerhin will uns unsere Angst ja nur beschützen«, erzählte Isi.

»*Schutz hätte ich jetzt dringend nötig*«, dachte ich. »Wie sicher ist diese Seilbahn?«, fragte ich stattdessen.

»Unsere besten Handwerker haben diese Seilrutsche gebaut. Miki hat sie konstruiert und Tata hat auch beim Aufbau mitgeholfen«, sagte Isi. »Komm, ich erklär dir, wie sie funktioniert, sie ist absolut idiotensicher.«

Irgendwie hatte ich das Gefühl, dass sie mich mit dem Wort *Idiot* meinte, aber ich konnte ihr einfach nicht böse sein, sie hatte so eine authentische und lebensfrohe Art.

»Hier ist dein Geschirr. Diese Größe sollte dir passen. Probier' es einfach mal an und dann siehst du ja immer noch, ob du Lust dazu hast«, sagte Isi und zog sich selbst ihr erstaunlich sicher wirkendes Klettergeschirr an. Also legte ich auch meines an, immer noch mit einem sehr flauen Gefühl im Magen.

»Und um deine Reise zu starten, musst du nur noch diesen Karabiner im Seil einhaken, einen tiefen Atemzug nehmen, nach vorne über das Ende der Plattform laufen und genießen. Den Rest erledigt die Schwerkraft für dich«, sagte Isi mit einem Funkeln in den Augen.

»Ich habe Angst«, sagte ich.

»Das will ich auch hoffen. Wie solltest du denn sonst mutig sein im Leben, wenn du keine Angst hast?«, fragte mich Isi.

»Du meinst, du hast auch Angst?«, wollte ich wissen.

»Ein bisschen. Da ich es schon öfter gemacht habe, weiß ich, dass es funktioniert und absolut sicher ist. Aber auch bei mir meldet sich die Angst zu Wort und sagt, dass ich das lieber lassen sollte. Dass es ein unnötiges Risiko ist. Nur ich höre nicht auf sie«, antwortete Isi mit einem Lächeln.

»Ninni und Lui haben mir erzählt, dass du die *Überwindungsprämie* bereits kennst. Bist du heute bereit für eine richtig fette Prämie?«, fragte Isi.

Ich kämpfte gerade mit meiner Höhenangst und versuchte, meinen Verstand davon zu überzeugen, dass Isi mich wohl kaum mit hierhergenommen hätte, wenn es eine tatsächliche Gefahr für mein Leben geben würde. Tief in meinem Innersten spürte ich, dass diese Seilrutsche einen symbolischen Charakter hatte. Symbolisch dafür, wie mein Leben weiter verlaufen würde. Würde mein weiteres Leben von Angst bestimmt werden oder würde ich meine Ängste besiegen?

»Was soll's, ich mach's«, hörte ich mich wie aus weiter Ferne sagen und sah mich selbst, wie ich meinen Karabiner in das Seil einhakte und nach vorne über die Klippe lief.

60

»Du warst mutiger, als ich gedacht hätte«, lachte Isi, als wir uns am unteren Ende der Seilbahn wieder trafen.

Die Fahrt war großartig und ich spürte noch immer, wie das Adrenalin und die Endorphine durch meinen Körper pumpten, die *Überwindungsprämie* wurde bereits ausgezahlt. Und ich fühlte mich so lebendig, wie schon lange nicht mehr in meinem Leben. Es sind exakt diese Momente, wenn wir unsere größten Ängste überwunden haben, in denen wir wirklich fühlen, dass wir am Leben sind.

Eine Frage lag mir die ganze Zeit noch auf der Zunge, die ich Isi unbedingt stellen musste: »Wie wird man so selbstbewusst wie du?«

»Danke für das Kompliment. Ich könnte dir jetzt viel über die Hochs und Tiefs in meinem eigenen Leben erzählen, aber das mache ich nicht. Ich denke, es ist Zeit für eine letzte Geschichte«, sagte Isi und sie erzählte mir *die Geschichte der zwei gleichen und doch so unterschiedlichen Zwillingsschwestern*:

Vor langer Zeit lebten zwei Zwillingsschwestern. Sie glichen sich beide bis auf das kleinste Detail. Nur die eine, die Erstgeborene der Schwestern, hatte ein Muttermal direkt unter dem rechten Auge. Das war das einzige Unterscheidungsmerkmal der beiden. Als sie Kinder waren, spielten sie dieselben Spiele, interessierten sich für dieselben Dinge und wuchsen wohlbehütet auf.

Aber als sie erwachsen wurden, trennten sich die Wege der beiden Schwestern. Beide zog es in die weite Welt hinaus, beide in verschiedene Himmelsrichtungen, jede um ihre eigenen Erfahrungen zu machen.

Während die erste Schwester jede Situation im Leben als Chance sah, etwas Neues zu entdecken und etwas zu lernen, sah die zweite Schwester in alles und jedem eine Gefahr und Bedrohung. So entwickelten sich die beiden Schwestern ganz unterschiedlich.

Die erste Schwester war der festen Überzeugung, dass alles, was auf der Welt passierte, für sie passierte. Sie liebte sich selbst und die Welt liebte sie.

Die zweite Schwester war der festen Überzeugung, dass sie keiner lieben konnte, da sie sich selbst nicht liebte und sie dachte, dass das Leben gegen sie arbeitete. Und so war jeder einzelne Tag ein Kampf für sie.

Am Anfang ihrer Reisen hatten die beiden Schwestern noch die gleichen Komplimente bekommen. Während die erste sie mit offenem Herzen annahm und dadurch noch glücklicher wurde, sah die zweite darin immer eine versuchte Manipulation, da sie sich selbst in einem anderen Licht sah.

Und als sich die beiden Schwestern nach vielen Jahren der Trennung wieder trafen, hätte niemand mehr erkannt, dass sie Zwillinge waren. Niemand hätte auch nur annähernd erahnen können, dass sie gleich alt waren.

Die erste Schwester war das strahlende Leben und mit sich selbst im Reinen. Sie umgab eine Aura von Vertrauen in sich und die Welt und sie strahlte Liebe aus.

Der zweiten Schwester aber sah man ihren täglichen Kampf gegen das Leben deutlich an. Sie wirkte um Jahre älter, war verbittert und hatte ihre Freude am Leben verloren.

»Ich möchte niemals die zweite Zwillingsschwester werden«, sagte Isi in einem ernsten Tonfall, den ich so noch von ihr gehört hatte. »Und deshalb habe ich früh für mich entschieden, meinen eigenen Weg im Leben zu gehen. Wenn jemandem das nicht gefällt, ist das sein Problem und nicht meins.«

61

Nach diesem Adrenalinkick beschloss ich, mich auf den Rückweg zu machen. Isi ging ihren eigenen Weg zurück und so hatte ich Zeit, um mit meinen Gedanken allein zu sein. Vor meinem Aufenthalt auf der Insel hätte ich noch allein bei dem Gedanken daran, mit meinen Gedanken gänzlich allein zu sein, eine Gänsehaut bekommen. Mittlerweile habe ich mich mehr und mehr an meinen inneren Dialog gewöhnt und hinterfrage gerne, was ich gehört habe und ob mein Leben, wie ich es gerade lebe, zu mir passt.

»Die Dinge ändern sich«, dachte ich und ich fand, dass Veränderung etwas Gutes hatte.

Jetzt sah ich meinen Weg so klar vor mir, wie nie zuvor in meinem Leben. Ich überlegte mir, was meine nächsten Schritte sein werden, sobald ich wieder in meine Welt zurückgelange. Dass ich zurückkommen würde, war für mich keine Frage. Nur das Wann und Wie war noch ungewiss.

Als ich wieder bei meinen Gastgebern angekommen war, sah ich Kiri mit Lio am Herumtollen. Die Freude, die der Hund ausstrahlte, als Kiri mit ihm spielerisch um seinen Stock kämpfte, erfüllte mich mit einer inneren Ruhe, die ich so nicht kannte. *»Wie beruhigend doch diese ganz einfachen und natürlichen Dinge auf mich wirken«*, notierte ich mir gedanklich.

Auf der Insel hatte ich einiges gesehen und erlebt, wodurch ich es immer besser schaffte, dass ich in viel mehr Momenten als früher mit meiner Aufmerksamkeit im Hier und Jetzt war. Solche Momente wollte ich immer mehr in mein Leben integrieren, da sie mich spüren ließen, dass ich am Leben war.

Und da meine Lehrerin in der Frage *'Wie bin ich vollkommen anwesend im Hier und Jetzt'* keine zwei Meter neben mir stand, beschloss ich, mir noch ein paar Tipps von ihr abzuholen.

»Kiri, wie schaffst du es, immer vollkommen im Hier und Jetzt zu sein?«, wollte ich von ihr wissen.

»Ich für meinen Teil vermeide Worte wie *immer* oder *nie*. Sie sind so endgültig und erlauben keinerlei Ausnahmen. Durch ihre Verwendung habe ich mir oft unnötig Druck erzeugt, den ich gar nicht in meinem Leben haben möchte. Heute gebe ich einfach jeden Tag mein Bestes und nur das zählt.

Aber zurück zu deiner Frage. Es hat viel mit bewusstem Üben zu tun. Bis wir eines Tages bewusst darüber nachdenken, merken wir meistens gar nicht, welch großer Teil unseres Lebens auf Autopilot läuft. Wir merken bei vielen Tätigkeiten gar nicht mehr, wie sie sich anfühlen, weil wir gedanklich schon wieder bei der nächsten Aufgabe sind. Und bis dahin kriegen wir ja noch gar nicht einmal mit, dass uns etwas fehlt. Aber sobald wir merken, welchen großen Teil wir von unserem Leben unbewusst leben und somit nur am Rande mitbekommen, fangen wir an, diese Situation bewusst zu ändern, da wir nur im Hier und Jetzt glücklich sein können.

In meinem Leben gab es dazu eine ganz besondere Situation, ab der ich konsequent damit begonnen habe, mein Leben immer mehr im Augenblick zu leben. Ninni war schon ein Kleinkind und Lui war gerade dabei, kein Baby mehr sein zu wollen. Es war die Zeit, in der er mit den ersten Schritten begonnen hatte. Natürlich hat nicht alles auf den ersten Versuch geklappt, aber er war motiviert, endlich auch auf zwei Beinen laufen zu können wie sein großer Bruder. Ich war an diesem Tag zusammen mit Ninni und Lui im Sand vor unserem Haus. Lui übte und übte und sein Bruder feuerte ihn an. Die beiden waren völlig im Hier und Jetzt.

Da er es schon eine ganze Weile versucht hatte und immer nach dem ersten Schritt in den Sand geplumpst war, begannen meine Gedanken abzuschweifen. Körperlich war ich immer noch bei meinen Jungs, gedanklich war ich aber am Planen meines Tages, was ich heute noch erledigen musste, was ich später kochen würde, lauter belanglose Dinge. Und genau als ich gedanklich nicht mehr im Hier und Jetzt war, hörte ich Ninni rufen *'Super, Lui, du kannst laufen!'*. Und erst durch diesen Ruf kam ich wieder im jetzigen Moment an. Ich hatte doch tatsächlich die ersten zusammenhängenden Schritte meines zweiten Sohnes verpasst«, erzählte Kiri.

»Warst du in diesem Moment wütend auf dich selbst?«, wollte ich wissen.

Kiri lächelte. »Das war in der Tat mein erster Gedanke: *'Wie konntest du nur in Gedanken sein, während dein Sohn laufen lernt?'*

Glücklicherweise habe ich aber gelernt, genauso nachsichtig mit mir selbst wie mit allen Menschen zu sein. Wir sind alle Menschen, wir machen alle Fehler. Die wichtigste Frage lautet, ob wir aus unseren Fehlern lernen. Und das habe ich.«

»Was hast du dann geändert?«, fragte ich neugierig.

»Ich habe mit zwei neuen Gewohnheiten begonnen, die ich täglich praktiziere. Erstens schreibe ich mir jeden Abend auf, was mir an diesem Tag besonders gut gefallen hat und was ich Besonderes erlebt habe. Ich nenne sie meine *Erinnerungsschätze*. Viel zu oft habe ich früher unfassbar schöne Momente aus meinem Leben schon ein paar Wochen später wieder völlig vergessen. Wenn ich mir jetzt in einer ruhigen Stunde Zeit nehme, um in meinen Erinnerungsschätzen zu blättern, geht mein Herz dabei auf und ich merke wieder, wie schön das Leben doch ist.«

»Und die zweite Gewohnheit?«, fragte ich.

»Hier geht es wirklich um das Leben im Hier und Jetzt. Ich habe für mich gelernt, dass ich nur in der Gegenwart glücklich sein kann. Vergangene Momente und Erinnerungen können mein Herz erwärmen und ich kann mich auch auf einen Zeitpunkt in der Zukunft freuen, aber glücklich sein kann ich nur im jetzigen Moment. Und wenn ich zu viele jetzige Momente verpasse, kann ich auch nicht wirklich glücklich sein.

Deshalb habe ich damit begonnen, mich bewusst daran zu erinnern, dass ich völlig im Hier und Jetzt sein darf. Die Vergangenheit ist vergangen und die Zukunft kommt von selbst. Ich habe mir dafür die Hilfe meiner Familie geholt. Was denkst du, wie schnell ein anderer Mensch bemerkt, wenn du zwar körperlich anwesend, aber geistig weit weg bist?«, fragte Kiri.

»Ziemlich schnell. In Gesprächen merke ich sofort, ob mir jemand zuhört oder nicht. Die Augen verraten immer, ob sich eine Person ganz bei dir oder gedanklich ganz weit weg befindet«, antwortete ich.

»Exakt. Und Kinder sind besonders gut und schnell darin, zu merken, wenn du gedanklich nicht mehr anwesend bist. Ich habe also meine Familie in meine Pläne eingeweiht und jedes Mal, sobald sie merken, dass ich nicht vollständig im Hier und Jetzt bin, rufen sie laut *'Tagträumer'*. Und nach ein paar Wochen habe ich angefangen, selbst zu merken, wenn ich gedanklich abdrifte. Und dann sage ich leise und liebevoll zu mir selbst *'Träume nicht, lebe'*.

Und seitdem lebe ich viel glücklicher im Hier und Jetzt.«

62

Ich kann nicht direkt beschreiben weshalb, aber irgendwie spürte ich tief in mir, dass dies mein letzter Abend auf dieser mysteriösen Insel sein sollte. Deswegen nahm ich mir vor, heute Abend noch einmal die gemeinsame Zeit mit Kiri, Tata, Ninni, Lui und Lio ganz achtsam zu nutzen. Ich wollte jede Sekunde, jedes Wort und jede Inspiration noch einmal in mich aufsaugen. Denn wer wusste schon, wann ich wieder einmal so eine friedvolle Gelassenheit, Harmonie und Positivität erleben durfte?

Wir saßen abends am Lagerfeuer und Tata fragte mich: »Hast du noch abschließende Fragen?«

Schon die Art, wie Tata fragte, bestätigte mein Gefühl, dass sich mein Aufenthalt auf der Insel dem Ende nähern sollte. »Ich wollte mich zuallererst bei euch bedanken«, sagte ich. »Ihr habt mir so viel gegeben und so wenig von mir bekommen.«

»Der Lehrer lernt am meisten«, sagte Kiri und lächelte mich an. »Jedes Mal, wenn wir einem unserer Besucher weiterhelfen, helfen wir uns damit auch selbst. Jedes Gespräch und jede Erkenntnis waren genauso wichtig für uns, wie für dich.«

»Für mich wirkt ihr schon absolut perfekt«, sagte ich.

»Perfektionismus war nie unser Ziel. Perfektionismus ist ein unermüdliches Streben, bei dem du niemals ankommen wirst. Unser Bestreben ist Wachstum. Voranzukommen, jeden Tag unser Bestes zu geben und immer nachsichtig und rücksichtsvoll mit uns selbst und all unseren Mitmenschen umzugehen, das ist es, was für uns zählt«, sagte Kiri.

»Das gelingt euch super, ihr seid wahrlich ein Quell an Inspiration«, sagte ich.

»Vielen Dank«, sagte Kiri und sie verneigte sich vor mir.

Ich wiederholte ihre Geste als Zeichen meines tiefen Respekts. »Um auf deine Frage zurückzukommen, Tata. Ich habe lange überlegt, ob ich noch finale Fragen an euch habe. Und es ist mir nur eine einzige eingefallen«, sagte ich.

»Wie lautet sie?«, wollte Tata wissen.

»Was ist euer Geheimnis vom Glücklichsein? Ihr alle vier, wie ihr hier sitzt, scheint komplett mit euch im Reinen zu sein. Natürlich seid ihr auch mal unterschiedlicher Meinung, aber ihr habt das Talent, selbst diesen Situationen so zu begegnen, dass ihr danach wieder auf derselben Frequenz schwingt«, sagte ich.

»Auf derselben Frequenz schwingen«, wiederholte Tata meine Formulierung. »Das gefällt mir und trifft den Nagel exakt auf den Kopf. Ich denke, Glücklichsein besteht aus vielen Komponenten. Lass mir dir nur die vier Bestandteile mit auf den Weg geben, die meines Erachtens den größten Einfluss auf unser Glücklichsein haben. Die ersten beiden beziehen sich auf dich selbst, während sich die anderen beiden um das Zusammenleben mit deinen Liebsten drehen.«

Ich zückte mein Notizbuch und meinen Stift, um nichts davon jemals wieder zu vergessen, was Tata nun sagen sollte.

»Erstens: Glücklichsein ist meine Entscheidung. Ich kann zu jedem Zeitpunkt frei wählen, ob ich glücklich, traurig oder schlecht gelaunt sein möchte. Unabhängig davon, was das Leben gerade für mich bereithält. Es geht nicht darum, gut gelaunt zu sein, wenn die Sonne rauskommt, es warm ist und alles wie von selbst läuft. Das kann jeder. Es geht darum, das Beste aus jeder Situation zu machen. Es geht darum, auch die Unwetter und die Stürme des Lebens zu akzeptieren und selbst in diesen Momenten kleine Inseln des Glücks auf stürmischer See zu haben. Kleinigkeiten, die mein Herz wärmen. Während um mich herum meterhohe Wellen auf mein kleines Boot einprasseln und zum Kentern bringen wollen. Es geht darum, zu lernen, im Regen zu tanzen«, erzählte Tata.

»Oder Bananenblattboote im Regen fahren zu lassen«, ergänzte Ninni.

»So haben unsere Jungs gelernt, dass der Regen auch seine schönen Seiten hat, wenn man sich nur etwas Besonderes dafür einfallen lässt«, erklärte Tata.

63

»Wie lautet das zweite Geheimnis eures Glücks?«, wollte ich wissen.

»Zweitens: Jeder von uns ist selbst dafür verantwortlich, dass seine eigene Energieschale gefüllt ist«, sagte Tata und er klang ganz so, als hatte er vor, es bei diesen Worten zu belassen.

»Was genau meinst du mit Energieschale?«, hakte ich nach.

»Kennst du die Tage, an denen du aus dir selbst heraus strahlst? Alles geht dir einfach von der Hand und du bist zu jedem freundlich? Und selbst unfreundliche Menschen können dich an solchen Tagen nicht runterziehen, denn du weißt genau, dass ihr Verhalten nichts im Geringsten mit dir zu tun hat?«, wollte Tata wissen.

»Kenne ich«, sagte ich und merkte, wie sich ein Lächeln auf meine Lippen stahl, als ich an so einen Tag dachte.

»Und kennst du die Tage, an denen du jedes Wort deiner Mitmenschen auf die Goldwaage legst, weil du hinter jeder Aussage einen Angriff oder eine Beleidigung vermutest?«, fragte Tata weiter.

»Auch diese Tage sind mir nicht fremd«, antwortete ich und merkte, wie mein Lächeln wie von selbst wieder verschwand.

»Die Aussagen deiner Mitmenschen können exakt gleich sein, und doch kannst du an unterschiedlichen Tagen völlig anders darauf reagieren. Und der Grund dafür liegt in dir. Um genau zu sein liegt er darin, wie sehr deine Energieschale gefüllt ist. Ist sie vollgefüllt, nimmst du die Welt positiv und unterstützend wahr und du gibst gerne etwas von deiner Kraft an deine Mitmenschen ab. Ist deine Schale hingegen leer, nimmst du die Welt als feindlich und schlecht wahr und ziehst andere Menschen runter.«

»Interessant. Und was genau hat es damit auf sich, dass jeder für seine Energieschale selbst verantwortlich ist?«, wollte ich wissen.

»Wenn meine Schale leer ist, bin ich nicht in meiner Mitte. Ich reagiere mitunter schroff, wenn mich jemand etwas ganz Alltägliches fragt, da ich hinter jedem Satz einen versteckten Angriff vermute. Ich habe in solchen Momenten den merkwürdigen Gedankengang, dass jeder meiner Mitmenschen all seine wertvolle Lebensenergie aufwendet, nur um mich zu ärgern. Verrückt, oder?«, fragte Tata.

»Irgendwie kommt mir das nur zu bekannt vor«, sagte ich.

»Wenn ich es dazu kommen lasse, dass meine Schale vollkommen leer ist, liegt es auch wieder an mir, sie aufzufüllen. Ich nutze dafür meine *Stimmungswandelhütte* am Strand. Davor gibt mir aber einer meiner Liebsten noch einen liebevollen Hinweis, dass ich gerade nicht der bin, der ich sein könnte. Willst du wissen, wie sie das machen?«, fragte Tata mit einem breiten Grinsen.

»Unbedingt«, antworte ich und war gespannt.

»Wir rufen laut: '*Vorsicht, Stachelschwein!*'«, sagte Lui.

Wir mussten lachen und ich war beeindruckt, wie bewusst und achtsam diese Familie miteinander umging und niemand für sein Verhalten verurteilt oder kritisiert wurde.

»*Stachelschwein* trifft es ganz gut, da ich in diesen Momenten andere mit meinen Worten verletze. Es ist oft so viel leichter, etwas Verletzendes, als etwas Versöhnliches zu sagen. Und direkt nachdem ich es ausgesprochen habe, bereue ich es auch schon wieder. Und um dem zuvorzukommen, lass ich mich von meiner Familie warnen, wenn ich unbewusst in diesen Modus schalte. Oft bekomme ich das selbst gar nicht mit. Und dann nehme ich mir eine Auszeit und fülle meine Schale wieder auf. Wenn ich zurückkomme, bin ich ein neuer Mensch. Oder besser gesagt: Ich bin wieder der Mensch, der ich sein möchte«, sagte Tata.

64

»Und das dritte Geheimnis eures Glücklichseins?«, wollte ich wissen.

»Drittens: Jeder Mensch in unserer Familie ist gleichwertig. Völlig egal, ob Erwachsener oder Kind, jeder hat ein Recht darauf, seine Meinung zu sagen und jedermanns und jederfraus Bedürfnisse sind gleich wichtig. Das kommt daher, dass wir schon immer auf Augenhöhe mit unseren Kindern geredet haben. Wir haben schon immer ihre Anliegen als genauso wichtig betrachtet, wie unsere eigenen. Und wenn es einmal der Fall war, dass ein Lieblingsspielzeug repariert werden musste, war das für mich genauso wichtig, wie wenn mein Boot repariert werden musste. Und mit genau demselben Eifer und Tatendrang habe ich mich auch darangesetzt, bis das Spielzeug wieder ganz war«, erzählte Tata.

»Bedeutet gleichwertig auch, dass jeder von euch gleichberechtigt ist?«, wollte ich wissen.

»Sehr gute Frage. In 95 Prozent der Zeit bedeutet es das. Es gibt aber Situationen, in denen wir als Eltern Entscheidungen für unsere Söhne übernehmen, ganz einfach, weil wir mehr Erfahrung im Leben und so einen größeren Weitblick haben. Kiri und ich haben immer noch die Aufgabe, unsere Kinder in ihr Leben zu begleiten und dabei darauf aufzupassen, dass sie sich keinen unverantwortlichen Risiken aussetzen. In diesem Punkt endet die Gleichberechtigung und Kiri und ich tragen die Verantwortung für unsere Kinder und wir treffen die Entscheidung«, sagte Tata.

»Verstehe. Bedeutet Gleichwertigkeit, dass ihr eure Kinder wie andere Erwachsene behandelt?«, fragte ich.

»Das ist ein sehr treffender Vergleich. Wir geben unseren Kindern nicht vor, wie sie sich fühlen sollen. Wenn sie sich wehgetan haben, sagen wir nicht *'Das tut doch gar nicht weh'* oder *'Das war doch gar nicht schlimm'*, denn wir wissen es doch gar nicht, da wir es selbst nicht fühlen. Einem anderen Erwachsenen würden wir ja auch seine Gefühle und Meinung erlauben, warum sollten wir sie unseren Kindern dann aberziehen wollen? Durch diese Gleichwertigkeit, um die jeder von uns weiß, wurde unsere Familie zu einer starken Einheit.«

»Ein interessanter Ansatz, den ich mir auf jeden Fall merken werde für die Zeit, in der in meinem Leben die Zeit der Familie anbricht«, sagte ich.

65

»Und was ist euer viertes Geheimnis des Glück-lichseins?«, fragte ich Tata.

»Viertens: Wir lieben uns bedingungslos. Klingt erst-mal ganz einfach und die meisten Menschen sagen, dass sie das auch tun. Aber insgeheim knüpfen sie ihre Liebe doch an Bedingungen. Sie erwarten von ihren Kindern oder ihrem Partner, dass sie sich auf eine bestimmte Art und Weise verhalten. Sie sagen, *'Wenn du so bist, liebe ich dich'*, oder sie denken, *'Ich liebe dich nur, wenn du dieses oder jenes für mich tust'*. Das hat mit bedingungsloser Liebe nichts zu tun. Bedingungslose Liebe akzeptiert das Gegenüber exakt so, wie er oder sie ist. Und wer exakt so akzeptiert wird, wie er ist, braucht sich nicht mehr zu verbiegen. Er kann als beste Version seiner selbst leben in dem Wissen, dass er bedingungslos geliebt wird, ge-nau so, wie er ist. Weil er richtig ist, so wie er ist. Er braucht sich weder zu verstellen, noch muss er an seinen Schwächen arbeiten, um geliebt zu werden. Könnte es etwas Schöneres geben?«, Tata strahlte bei diesem Satz und ich merkte, dass dies die letzte Weisheit war, die mir meine Gastgeber mit auf den Weg geben wollten.

Hundemüde legte ich mich an diesem Abend ins Bett und dachte darüber nach, wann und wie ich wohl nach Hause kommen würde.

Und da war noch ein Gedanke.

Ein Gedanke, etwas vergessen zu haben.

Ein Gedanke, noch etwas fragen zu wollen, das ich vergessen hatte.

Und dann fiel es mir wieder ein: »*Ich habe völlig vergessen, nachzufragen, was dieses 'Hoa Pili Hou' eigentlich bedeutet*«.

Mit diesem Gedanken fielen mir die Augen zu.

Teil 2

Zurück

Mein Bauchgefühl hatte mich nicht getäuscht und in der Tat sollte dieser Abend mein letzter auf dieser erkenntnisreichen Insel gewesen sein. In meiner letzten Nacht auf der Insel träumte ich einen wirren Traum, der damit endete, dass ich von einer hohen Klippe ins Wasser stürzte und bewusstlos wurde. Ich merkte, wie ich Stück für Stück tiefer sank und konnte rein gar nichts dagegen unternehmen, da mein Körper mir einfach nicht gehorchen wollte. Ich fühlte mich machtlos und vermutete, dass dies mein Ende sein musste.

Das Nächste, an das ich mich erinnern konnte, war ein stechender Schmerz in meiner Brust. Ich öffnete meine Augen und sah, wie mir ein Mann mit voller Wucht auf meinen Brustkorb hämmerte. Und direkt danach schlossen sich seine Lippen über meine.

Ich röchelte, hustete Wasser und spuckte einen Schwall Wasser neben mich, während mir der Gedanke durch den Kopf ging: »*Ist heute nicht eigentlich die Mund-zu-Nase-Beatmung die erste Wahl?*«

Als ich wieder voll zu mir gekommen war, richtete mich der Mann auf und sah mich fürsorglich an.

»Du hast mich gerettet«, sagte ich dankbar zu ihm.

»Das hätte jeder andere auch getan«, spielte dieser seine Heldentat herunter.

»Was ist passiert?«, wollte ich wissen.

»Ich war gerade am Ufer spazieren, als ich einen lauten Knall oben von der Brücke hörte. Ich blickte hinauf und da sah ich dich und dein Fahrrad, beide in hohem Bogen ins Wasser klatschen. Mir war klar, dass du Hilfe gebrauchen könntest, deswegen bin ich direkt ins Wasser gesprungen und zu dir geschwommen. Du warst bewusstlos und bist wie ein Stein immer tiefer gesunken. Ich habe dich wieder hochgetaucht und aus dem Fluss gezogen. Du hattest eine Menge Wasser geschluckt, deswegen habe ich dich wiederbelebt«, erzählte mein Retter.

»Vielen Dank, ich schulde dir mein Leben«, sagte ich.

»Du schuldest dir selbst dein Leben, und zwar jeden Tag aufs Neue«, sagte mein Retter mit einem freundlichen Lächeln auf den Lippen und machte sich, pitschnass, wie er war, aus dem Staub, nachdem er sichergestellt hatte, dass ich alleine zurechtkam.

Ich griff in meine Hosentasche, die jetzt wieder zu meiner gewohnten Jeans gehörte, und fand, was ich zu finden hoffte: Mein Notizbuch.

Epilog

Zehn Jahre später

Zehn Jahre ist mein Aufenthalt auf der mysteriösen Insel mittlerweile her. Wie es mir seitdem ergangen ist, willst du wissen?

Komm, ich erzähl dir eine Geschichte, *meine Geschichte*:

Nach meiner Rückkehr von der Insel hatte ich ein so klares Bild von meiner Zukunft vor Augen, wie noch nie zuvor. Ich wusste endlich eine Antwort auf die Frage, was ich mit meinem Leben anfangen sollte. Und ich wusste auch, wie ich damit starten musste. Und ich wusste auch, wann ich damit starten musste: Genau jetzt.

Mein erster Weg führte mich direkt zu meinem besten Freund Neill. Ich klingelte an seiner Wohnungstür und er öffnete. Neill sah aus wie immer: Eine alte, zerbeulte Jogginghose und ein Shirt mit Flecken. Genau so, wie ich meinen besten Freund liebte.

»Hey Neill, ich habe großartige Neuigkeiten«, sagte ich ganz aufgeregt.

»Weißt du eigentlich, wie spät es ist? Und warum bist du pitschnass?«, fragte er mich und rieb sich die Augen. »Egal, komm einfach rein.«

Um ehrlich zu sein, hatte ich nicht den Hauch einer Ahnung, wie viel Uhr es war. Für mich war die richtige

Zeit einfach *jetzt*. Und die Geschichte, warum ich nass bis auf die Haut war, konnte ich ihm auch noch später erzählen, es gab jetzt einfach Wichtigeres, worüber wir reden mussten.

»Was gibt es so Wichtiges, dass du mich während meines dringend benötigten Schönheitsschlafs störst?«, wollte Neill wissen, während er ausgiebig gähnte.

»Wir machen es, wir ziehen das Ding durch!«, sagte ich voller Euphorie.

Und ab diesem Satz hatte ich Neills ungeteilte Aufmerksamkeit. Ich merkte, wie auf einen Schlag sämtliche Müdigkeit aus seinem Gesicht wich und sich seine Lippen zu einem breiten Grinsen verformten.

»Ich wusste es!«, rief Neill. »Ich wusste, dass du die richtige Entscheidung treffen würdest. Lass uns durchstarten und gemeinsam die Welt verändern!«

Und wir starteten durch.

Ob alles glatt lief, willst du wissen?

Auf gar keinen Fall. Wir starteten durch mit einem Fehlschlag nach dem anderen. Aber wir ließen uns nicht entmutigen. Wir hatten verstanden, dass der Weg zum Erfolg gepflastert ist mit Fehlversuchen. Und so sahen wir jeden Weg, der uns nicht näher an unser Ziel brachte, als eine Sackgasse an, die wir von unserer Landkarte streichen konnten. Und sobald du sämtliche Irrwege von der Karte gestrichen hast, kommst du unweigerlich zu dem Weg, der dich an dein Ziel führt.

Und so war es auch bei uns: Nach jedem Fehlschlag nahmen wir uns in Ruhe Zeit, um zu analysieren, welche unserer getroffenen Annahmen der Realität nicht standgehalten hatten. Und dann korrigierten wir unseren Kurs, wieder und wieder. Bis wir eines Tages unser Produkt so lange verbessert hatten, dass die Zeit reif war, mit ihm die Welt zu verändern.

Ob ich jemals bereut habe, nicht den sicheren Weg einer Festanstellung gegangen zu sein?

Es gab Momente, in denen ich mir nichts sehnlicher gewünscht hätte, als ein abgesichertes Leben zu führen. Ein komfortables Leben, ganz ohne Risiko. Und dann gab es die vielen Momente, in denen ich mir nichts Besseres vorstellen konnte, als das, was ich gerade tat. Und in diesen Momenten wurde mir klar, dass unser Leben immer Risiko bedeutet. Wir sind hier, um unseren ganz einzigartigen Weg in unserem Leben zu gehen, und der befindet sich nun einmal nicht innerhalb unserer Komfortzone. Dieser Weg ist der Weg des Wachstums, der Weg des Hinfallens und des Wiederaufstehens, der Weg des ständigen Dazulernens, der Weg des Risikos und auch der Weg der Ungewissheit.

Denn, wie langweilig wäre ein Leben, bei dem wir zu jeder Zeit wüssten, was als Nächstes auf uns zukommt?

Seit mutig und geh deinen Weg!

- Dein Scott

Anhang

Scotts Notizbuch

Memo an mich

1. Ich notiere mir sämtliche Erkenntnisse, die ich gelernt habe und nie wieder vergessen möchte
2. Ich trage mein Notizbuch immer bei mir, um keine einzige Idee mehr zu verlieren, die mir durch den Kopf geht
3. Ich lese regelmäßig in meinem Notizbuch, um gemachte Erfahrungen wieder aufzufrischen und so Lektionen nicht mehrfach lernen zu müssen

Gefühle wollen gefühlt werden

🐚 Meine Gefühle wollen mir etwas sagen, ich lasse sie zu und höre darauf, was sie mir mitteilen wollen

- Ich unterdrücke meine Gefühle nicht, sondern fühle sie bewusst und lasse sie danach weiterziehen
- Meine Gefühle sind ein kunterbunter Blumenstrauß und jedes Gefühl hat seine Existenzberechtigung
- Indem ich bewusst auf meine Gefühle höre, kann ich gezielt mehr Emotionen in mein Leben bringen
- Wahre Freude kann ich nur empfinden, wenn ich auch Leid kenne
- Es gibt keine schlechten Gefühle

Wenn jeder teilt, haben alle mehr

- Wahrer Reichtum liegt nicht im Anhäufen von Besitztümern, sondern im Teilen mit meinen Mitmenschen
- Indem ich mit anderen teile, beschenke ich nicht nur sie, sondern auch mich selbst
- Am Ende meiner Tage werde ich mich nicht daran erinnern, wie viel Besitz ich für mich angehäuft habe, sehr wohl aber an das dankbare Lächeln eines Menschen, dem ich geholfen habe
- Ich kann nicht alles Leid auf dieser Welt heilen, aber ich kann in meinem Einflussbereich damit anfangen und ein strahlendes Vorbild für andere sein – jeden einzelnen Tag

Die Angst vor dem Scheitern

- Scheitern ist eine Illusion

- Fehlschläge und Fehlentscheidungen gehören zum Leben dazu, sie helfen mir, zukünftig bessere Entscheidungen treffen zu können
- Kein Lebensweg ist geradlinig, es gibt immer Abzweigungen und Umwege, die wir nicht vorhersehen können
- Nur wer aufgibt, kann aus einem Fehlschlag ein Scheitern erzeugen - und ich gebe niemals auf

Der Weg meines Herzens

- Ich entscheide mich immer für den Weg meines Herzens, denn mein Herz weiß, wo es langgeht
- Lieber habe ich weniger Geld in meinem Portemonnaie und verbringe meine Lebenszeit mit etwas, was mich erfüllt, als viel Geld zu verdienen bei einer Arbeit, die mir keinerlei Freude und Erfüllung bereitet
- Ich nutze meine Lebenszeit ganz bewusst für das, was mir wichtig ist

Der Sinn meines Lebens

- Ich gebe meinem Leben seinen eigenen Sinn, das kann niemand anderes für mich tun
- Ich lasse mich von anderen inspirieren, was ihr Sinn des Lebens ist und finde für mich heraus, ob das auch etwas für mich ist

- Ich überprüfe regelmäßig, ob mein Sinn des Lebens immer noch derselbe ist, oder ob er sich zusammen mit mir weiterentwickelt hat
- Jedes Leben hat seinen eigenen Sinn

Was ich gestern noch nicht konnte, kann ich heute lernen

- Niemand ist auf die Welt gekommen und konnte von Anfang an bereits alles
- Wir haben alles, was wir heute können, Schritt für Schritt erlernt
- Ich kann auch heute noch alles erlernen, was ich mir vornehme
- Ich bleibe immer neugierig und lernbereit wie ein Kind
- Wenn ich immer mein Bestes gebe, gibt es niemals etwas zu bereuen

Glück ist die Überwindungsprämie meiner Ängste

- Jedes Mal, wenn ich eine meiner Ängste überwinde, bekomme ich danach als Prämie Glück ausgezahlt
- Immer, wenn ich mich selbst überwinde, bin ich danach stolz auf mich und fühle mich einfach großartig

- Wenn ich Angst habe, überlege ich mir, was im schlimmsten Fall passieren könnte und mache mir so bewusst, dass keine reale Gefahr besteht
- Je schneller ich ins Handeln komme, desto weniger Angst verspüre ich (Zögern und Hin- und Herüberlegen gibt meiner Angst die Chance, weiter zu wachsen, deswegen ist Schnelligkeit mein Freund bei der Angstüberwindung)
- Meine Angst will mich nur beschützen, ich danke ihr, dass sie auf mich aufpassen will und teile ihr mit, dass ich alles im Griff habe
- Mit Hilfe von anderen Menschen kann ich meine Ängste noch einfacher überwinden
- Wenn ich etwas mit jemandem zusammen mache, ist es immer einfacher als allein
- Ich erlaube mir selbst, die Dinge zu tun, die ich möchte und lasse mich nicht von der Angst, ausgelacht oder abgelehnt zu werden, davon abhalten

Die Welt der Unsicherheiten

- Jeder Mensch hat etwas in seinem Leben, was ihm nicht so sehr an ihm selbst gefällt (sei es eine mangelnde Fähigkeit, ein Merkmal am eigenen Aussehen oder ein Charakterzug)
- Ich akzeptiere und mag mich selbst genau so, wie ich bin

- Ich kümmere mich nicht darum, was andere über mich denken (meistens denken sie sowieso nur über sich selbst nach)
- Unsere eigenen Zweifel an uns selbst geben den Aussagen und Meinungen unserer Mitmenschen so viel Macht über uns, deshalb vertraue ich mir selbst (= meine eigene *Unabhängigkeitserklärung*)
- Ich bin tolerant und offen und lasse andere Menschen so leben, wie sie es für richtig halten
- Ich sabotiere mich nicht mehr selbst
- Ich lass mich vollständig auf mein Leben ein, auch wenn ich dadurch Enttäuschungen und Verletzungen in Kauf nehmen muss, sie gehören zum Leben dazu
- Indem ich mein Herz nicht mehr verschließe, erlebe ich so viele wunderschöne Momente und intensive Erfahrungen
- Ich halte mich nicht länger selbst von meiner Leichtigkeit, von meiner Erfüllung und von meinem Glück ab
- Ich gehe *'All in'* in meinem Leben, keine halben Sachen mehr, denn ich möchte auch nicht nur halb glücklich oder halb erfüllt sein

Antworten kriege ich nur auf Fragen, die ich auch stelle

- Indem ich die für mich passenden Fragen stelle, erhalte ich die für mich passenden Antworten

- Es ist mir nicht wichtiger, eine Fassade des Allwissens aufrecht zu erhalten, sondern ich frage immer nach, wenn ich etwas nicht verstanden habe oder noch nicht weiß
- Wir alle sind Menschen, niemand weiß alles
- Ich darf Dinge nicht wissen

Vergebung

- Zu vergeben bedeutet, die sinnlose Hoffnung auf eine bessere Vergangenheit aufzugeben
- Jeden Abend vergebe ich meinen Mitmenschen und auch mir selbst alles, was wir getan oder nicht getan haben, denn jeder von uns hat sein Bestes gegeben
- Ich vergebe nicht nur aus reiner Nächstenliebe, sondern ich befreie mich dadurch selbst und gebe niemand anderem Macht über mein Leben
- So hat jeder neue Tag die Chance, der Beste meines Lebens zu werden (gänzlich ohne belastende Gefühle aus der Vergangenheit)
- Ich gehe niemals im Streit oder wütend zu Bett, sondern mache immer davor reinen Tisch
- Wenn ich im Reinen mit der Welt bin, bin ich auch im Reinen mit mir selbst (und umgekehrt)

Schluss mit Perfektionismus

- Perfektionismus ist nie erreichbar, es gibt immer noch etwas zu verändern, hinzuzufügen oder wegzustreichen

- Perfektionismus lähmt mich, da ich mit der festen Überzeugung, es sowieso nicht gut genug machen zu können, gar nicht erst starte
- In den allermeisten Fällen sind 95 Prozent meines Einsatzes bereits genug
- Die letzten 5 Prozent sehe im Normalfall sowieso nur ich und niemand sonst
- Die zusätzliche Zeit für die letzten 5 Prozent, die ich in eine Sache investiere, nur um meinen eigenen hohen Ansprüchen an mich zu genügen, kann ich auch sinnvoller einsetzen
- Der Gedanke, dass jeder andere sehen muss, dass ich *nur* 95 Prozent meiner eigenen Erwartungen erfüllt habe und trotzdem sage, dass ich fertig bin, existiert nur in meinem Kopf und ist nicht real
- Ich benutze Perfektionismus nicht als Ausrede, um niemals mit etwas starten zu müssen
- Ich schließe Projekte und Arbeiten ab, damit ich mich voll und ganz auf meine nächsten Themen konzentrieren kann (mein Gehirn mag keine offenen Schleifen oder unabgeschlossene Arbeiten und kehrt sonst immer wieder automatisch dorthin zurück)

Ungeteilte Aufmerksamkeit

- Das größte Geschenk, das ich meinem Gegenüber machen kann, ist ihm meine ungeteilte Aufmerksamkeit zu schenken

- In Gesprächen achte ich penibel darauf, dass meine Gedanken nicht abschweifen, ich höre aufmerksam zu, stelle Fragen, wenn ich etwas nicht verstanden habe oder mehr wissen möchte und bin ehrlich interessiert an dem, was mir erzählt wird

- Wenn ich mich mit jemandem unterhalte, lege ich mehr Wert darauf interessiert zu sein, als selbst interessant zu wirken (was mich dadurch ironischerweise automatisch interessant für den anderen macht)

- Ich verbringe soviel Zeit wie möglich im jetzigen Moment und bin nicht ständig damit beschäftigt, die Zukunft zu planen oder der Vergangenheit nachzuhängen

- Präsenz statt Perfektionismus: Es zählt viel mehr, voll im Moment anwesend zu sein, als sich viel zu hohe Erwartungen an sich selbst aufzubürden

0,5 + 0,5 = 1 und 1 + 1 = 2

- Ich, für mich selbst, bin ganz, ich brauche keinen Partner, der mich komplettiert

- Als starkes Ganzes ist es das Schönste auf der Welt, mit einem weiteren Ganzen eine Partnerschaft auf Augenhöhe einzugehen, da wir zusammen noch viel mehr sind als nur zwei Einzelpersonen

- Auch mit Kindern und in einer Partnerschaft existiere ich immer noch als eigene Person mit eigenen Träumen, eigenen Wünschen und eigenen Bedürfnissen

- Jeder Partner in einer Beziehung braucht Zeit für sich und seine eigenen Freiräume
- Ich gebe meinem Partner Zeit für sich, denn jeder, der mit sich selbst im Reinen ist, kann noch viel mehr in die gemeinsame Beziehung einbringen

Die eine Frage meines Tages

- Ich frage mich: *Was möchte ich mit meinem Leben bewirken?*
- Nicht mehr: *Wie komme ich möglichst unbeschadet durch meinen Tag?*
- Ich gehe raus aus meiner Komfortzone und raus aus meiner Risiko- und Schmerzvermeidung
- Risiko ist Teil jedes Lebens, das wirklich gelebt wird
- Leid gehört genauso zum Leben dazu wie Freude, sie sind wie die zwei Seiten einer Münze

Ruhestand oder ruhiggestellt

- Ich schiebe die Dinge, die mich im Leben glücklich machen, nicht auf, bis ich im Ruhestand bin und dann endlich Zeit dafür habe
- Mein Beruf muss mir Spaß machen und mich erfüllen, ansonsten verschwende ich nur meine kostbare Lebenszeit (Geld ist eine ganz schlechte Kompensation für mangelnde Erfüllung)
- Ich übernehme nicht blind, was andere machen, sondern hinterfrage und probiere aus, wie ich mein Leben leben möchte

- Ich lebe lieber ein Leben in Erfüllung mit unklaren Finanzen, als ein Leben frei von finanziellen Sorgen, aber mit einer Tätigkeit, die mich nicht erfüllt
- Mein Herz hilft mir, meinen eigenen Weg im Leben zu gehen - ich muss nur darauf hören
- Mein Weg ist ein Leben voller Risiko, Fehler und Lebendigkeit

Kinder sind ihre eigene Bestimmung, nicht unsere

- *Unsere Kinder sind nicht unsere Kinder, sie sind die Töchter und Söhne der Sehnsucht des Lebens nach sich selbst*
- Auch wenn Kinder zu haben, das Schönste auf der Welt sein kann, so sind unsere Kinder doch nie unsere Bestimmung, sie sind ihre eigene Bestimmung
- Kinder können viel zu unserer Erfüllung im Leben beitragen, da es aber nicht ihre Aufgabe ist, uns glücklich zu machen, müssen wir unsere ganz eigene Bestimmung fernab von unseren Kinder finden
- Eltern sind die Begleiter ihrer Kinder auf ihrem Weg ins Leben, verantwortlich dafür, ihnen einen bestmöglichen Start ins Leben zu ermöglichen
- Als Eltern lernen wir oft mehr von unseren Kindern als sie von uns, wenn wir nur offen genug dafür sind zuzuhören

Fit fürs Leben

- ❧ Mein Körper ist mein Tempel
- ❧ Wie ich auf meinen Körper achte, spiegelt direkt die Wertschätzung wider, die ich vor mir selbst habe
- ❧ Ich achte auf einen gesunden Wechsel von An- und Entspannung in meinem Leben
- ❧ Abends entspanne ich meinen Körper und bedanke mich bei ihm für diesen Tag, indem ich meine Muskeln dehne, zum Beispiel mit Yoga

Ich lerne von anderen

- ❧ Ich probiere Tätigkeiten aus, die andere glücklich machen und erfüllen
- ❧ Beim Ausprobieren hinterfrage ich für mich, ob das auch etwas für mich ist
- ❧ Wenn ich etwas ausprobiert habe und es nichts für mich ist oder es mir nicht auf Anhieb gelingt, bin ich *nicht gescheitert, sondern gescheiter*

Lebenslauf oder der Lauf des Lebens

- ❧ Es ist viel entscheidender, dass ich das mache im Leben, was für mich wichtig ist, als einen Lebenslauf leben zu wollen, der geradlinig verläuft
- ❧ Ich lasse mein Leben fließen (wie der Fluss des Lebens) und halte mich nicht selbst durch ein Stück

Papier zurück, das meinen Lebenslauf darstellt und mir vorgibt, was ich zu tun und zu lassen habe

🐾 Echtheit ist viel wichtiger in meinem Lebenslauf als vorgefertigte Berufsstationen, die nicht zu mir passen

Ich gebe mich niemals selbst auf

🐾 Ich bin der wichtigste Mensch in meinem Leben

🐾 Die wichtigste Frage lautet: *Wer, wenn nicht ich, wird mein Leben für mich leben?*

🐾 Ich achte täglich darauf, mir Zeit für mich selbst zu nehmen

🐾 Nur ich selbst bin dafür verantwortlich, mich glücklich zu machen, diese Aufgabe kann ich nicht an andere abgeben

Die Angst, etwas zu verpassen

🐾 Ich höre, sehe und lese keine Nachrichten, die mich mit Hiobsbotschaften, Dramen, Belanglosigkeiten und Katastrophen überfluten

🐾 Das bedeutet nicht, dass ich meinen Blick vom Elend auf unserer Welt abwende, sondern ich kümmere mich in meinem Einflussbereich darum, dass unsere Welt ein besserer Ort wird

🐾 Negative Nachrichten ohne daraus resultierende Handlungen bringen niemandem irgendetwas

- Ich informiere mich selektiv über Themen, die mich interessieren, zu einem Zeitpunkt, den ich selbst frei wähle und über einen Kanal, den ich selbst aussuche

Mein Start in den Tag

- Ich entscheide mich jeden Morgen bewusst dafür, wie mein Tag wird
- Starte ich gehetzt oder mit Negativität in den Tag, werde ich auch einen gehetzten oder negativen Tag erleben (oder beides)
- Starte ich ruhig, ausgeglichen und mit mir selbst im Reinen in den Tag, wird auch mein Tag so verlaufen
- Der Morgen, wenn alle anderen noch schlafen, gehört nur mir allein, zu dieser Zeit kann das Leben meinen Plänen noch nicht dazwischenfunken
- Ich meide morgens Einflüsse von außen und genieße die ersten unverbrauchten Stunden des Tages in Harmonie und im Einklang mit mir selbst

Die Suche nach meiner Bestimmung

- Nur ich selbst kann meine Bestimmung in meinem Leben herausfinden, da sie nur für mich gilt
- Meine Bestimmung muss sich richtig für mich anfühlen, ganz egal, was andere darüber denken
- Andere Menschen können mir auf der Suche nach meiner Bestimmung weiterhelfen, aber nicht meine Bestimmung für mich finden

- Meine Bestimmung kann sich zu jeder Zeit in meinem Leben verändern, genau wie ich mich zu jeder Zeit in meinem Leben verändern kann
- Es gibt zwei Gruppen von Menschen im Hinblick auf ihre Bestimmung:
  - Die *Bestimmungskinder* sind damit gesegnet, bereits von Kindesbeinen an zu wissen, was ihre Bestimmung ist (Beispiele sind Sportler, die bereits in jungen Jahren ihr Talent und ihre Leidenschaft entdeckt haben)
  - Die *Bestimmungsfinder* dürfen experimentieren und können so herausfinden, was ihre Bestimmung im Leben ist
- Jeder Mensch hat eine Bestimmung im Leben (ganz entscheidend für den weiteren Verlauf meines Lebens ist, ob und wann ich mich auf die Suche nach meiner Bestimmung begebe)
- Die Antwort auf die Frage nach meiner Bestimmung liegt ganz tief in meinem Herzen verborgen, ich muss nur auf mein Herz hören, es kennt alle Antworten
- Die beste Zeit, um mich auf die Suche nach meiner Bestimmung zu machen, ist genau jetzt

Mein Weg zu meiner Bestimmung 1: Das Pferd von hinten aufzäumen

- Was würde ich in meinem Leben im Alter bereuen?

- 🐚 Zu wenig Zeit mit den Menschen verbracht zu haben, die ich liebe?
- 🐚 Mich zu oft darum gekümmert zu haben, was andere wohl über mich denken?
- 🐚 Mich verbogen zu haben, um anderen zu gefallen? (Wenn sie mich nicht so mögen, wie ich bin, ist das ihr Problem, nicht meins)
- 🐚 Nicht ich selbst gewesen zu sein?
- 🐚 Viel zu viel Zeit mit unsinnigen und unwichtigen Tätigkeiten verbracht zu haben?
- 🐚 Mir zu viele Sorgen gemacht zu haben, was alles hätte passieren können?
- 🐚 Meine Träume immer hinten angestellt zu haben?

🐚 Was hätte ich stattdessen häufiger tun sollen?
- 🐚 Mutiger sein
- 🐚 Mehr für mich selbst einstehen
- 🐚 Einfach das machen, wonach mir ist, solange es niemanden anderen negativ beeinträchtigt
- 🐚 Authentisch ich selbst sein

🐚 Ich frage mich vor jeder Entscheidung: Bringt mich meine Wahl näher an das Ideal von mir, das ich sein möchte oder entferne ich mich dadurch von mir selbst?

Mein Weg zu meiner Bestimmung 2: Was möchte ich wirklich im Leben?

- Ich probiere alle möglichen Aktivitäten aus, um herauszufinden, was das Richtige für mich ist
- In mir schlummern längst vergessene Instinkte, die nur darauf warten, wieder erweckt zu werden
- Ich höre auf mein Herz und nicht auf meinen Kopf
- Ich bleibe immer neugierig wie ein Kind und erforsche die Welt
- Ich lasse mich von anderen Menschen inspirieren und probiere neue Dinge, die für mich interessant klingen, aus
- Biografien von Menschen, die ich bewundere und interessant finde, sind hervorragende Möglichkeiten, um direkt von ihnen zu lernen

Mein Weg zu meiner Bestimmung 3: Der Weg der 3 Ws (Was wäre, wenn)

- Ich verwende Was-wäre-wenn-Formulierungen nicht mehr nur für Dinge, die schiefgehen könnten, sondern ich stelle mir stattdessen vor, wie es wäre, wenn es klappen würde
  - Was wäre, wenn mein Traum in Erfüllung gehen würde?
  - Wie würde es sich anfühlen?
  - Wie wäre dann mein Leben?

🐚 Ich male mir bereits heute in den buntesten Farben aus, wie mein Leben sein wird, wenn mein Traum in Erfüllung geht und bin so jeden Tag motiviert, diesen Traum auch tatsächlich wahr werden zu lassen

Mein Weg zu meiner Bestimmung 4: Schicksalsschläge

🐚 Schicksalsschläge erinnern uns daran, wie schnell das Leben vorbei sein kann

🐚 Fragen an mich:

   🐚 Wäre ich heute bereit, dieses Leben zu verlassen?

   🐚 Oder gibt es noch so vieles, was ich in meinem Leben noch machen oder erleben möchte?

   🐚 Nutze ich meine Lebenszeit heute so, wie ich sie nutzen möchte?

🐚 Die eigene Lebenszeit ist das Kostbarste im ganzen Leben (und deshalb gehe ich auch ganz bewusst und sorgfältig mit ihr um)

🐚 Uns muss nicht selbst ein Schicksalsschlag treffen, wir können auch so von ihnen lernen, wie wertvoll das eigene Leben und die eigene Lebenszeit ist

Mein Weg zu meiner Bestimmung 5: Der Notfallplan

- Bis ich meine Bestimmung gefunden habe, bin ich jeden Tag die authentischste, die beste und die liebevollste Version meiner selbst
- Ich lerne jeden Tag dazu
- Ich wachse jeden Tag an mir und am Leben ein kleines Stückchen mehr
- Ich mache neue Erfahrungen und bin neugierig, aufgeschlossen und offen für die Welt
- Ich bin aktiv und heiße Veränderungen willkommen

Wie ich meine eigene Stimmung wandeln kann

- Ich unterdrücke meine Gefühle nicht, da sie sich sonst aufstauen und wie ein Vulkan zu einem späteren Zeitpunkt ausbrechen können (bei einer ganz alltäglichen Situation, die das Fass dann zum Überlaufen bringt)
- Um ausgeglichen zu sein, fühle ich meine Gefühle, finde heraus, was sie mir mitteilen wollen, bedanke mich bei ihnen und lass sie wieder ziehen
- Wie ich meine Stimmung in vier einfachen Schritten wandeln kann, wenn ich wütend bin:

- 🦋 Körperliche Betätigung: Indem ich mich körperlich anstrenge, sinkt mein Wutpegel automatisch
- 🦋 Gedankenberuhigung: Durch Meditation beruhige ich meine Gedanken (wie Wasser und Sand in einer Flasche, die geschüttelt wurde, benötigt mein Kopf Zeit, um wieder zur Ruhe zu kommen)
- 🦋 Reflektion: Mit beruhigtem Körper und beruhigtem Kopf gehe ich die Situation gedanklich noch einmal in Ruhe durch und finde heraus, was mich so wütend gemacht hat (es hat so gut wie immer mehr mit mir zu tun, als mit irgendeiner anderen Person)
- 🦋 Veränderung: Ich ziehe Schlüsse daraus, warum dieses Gefühl zu mir gekommen ist und lerne, an welchen Stellen ich noch an mir arbeiten darf

Mein innerer Kompass

- 🦋 *Warum lasse ich meinen Kopf so oft ans Steuer meines Lebens, wenn dieser Platz doch für mein Herz reserviert ist?*
- 🦋 Ich höre auf mein Herz, denn es weiß genau, wo unsere Reise hingeht
- 🦋 Am besten funktioniert mein innerer Kompass, wenn ich mit mir selbst im Reinen bin (wenn ich nicht mit mir im Reinen bin, verhält sich meine

Kompassnadel so, als wäre ein Magnet in der Nähe, der sich ständig im Kreis dreht)

- Indem ich lerne, auf meinen inneren Kompass zu hören, gelange ich auf den Weg meines Herzens
- Mein Kopf ist ein guter Diener, aber ein schlechter Herrscher

Ich bin der Fels in der Brandung

- Niemand kennt immer den richtigen Weg im Leben (oft stellt sich erst auf dem Weg heraus, ob eine Entscheidung richtig oder falsch war)
- Ich entscheide mich nach bestem Wissen und Gewissen und steh zu meinen Entscheidungen (und stelle nicht im Nachgang meine Entscheidungen in Frage)
- Aus schlechten Entscheidungen lerne ich
- Ich strahle Souveränität aus und gebe so meinem Umfeld Halt, indem ich ihr Fels in der Brandung bin
- Ich bin der Kapitän des Schiffes meines Lebens, der stets klare Anweisungen gibt
- Um die bestmögliche Entscheidung zu treffen, gebe ich Entscheidungen, die mir schwerfallen, an die beste Version von mir in zehn Jahren ab (sie ist den richtigen Weg schon gegangen und weiß also genau, wo es langgeht)

Der Tod gibt dem Leben erst seinen Wert

🕯 Jedes Lebewesen wird eines Tages sterben

🕯 Nach einer berechtigten Trauerphase entscheide ich selbst, ob ich mich an die schöne gemeinsame Zeit erinnere, oder ob ich weiter innerlich leide und dem Verlust nachtrauere (was nicht im Sinne des Gegangenen ist)

🕯 In unseren Herzen leben unsere geliebten Personen immer weiter

🕯 Ich spare mir meine Komplimente und freundlichen Worte nicht für die Abschiedsrede von Menschen auf, sondern sage sie ihnen schon zu Lebzeiten so oft ich kann

🕯 Ich muss für mich herausfinden, wie ich Spuren in den Herzen meiner geliebten Menschen hinterlassen kann

🕯 Im körperlichen Leben geht es darum, Erfahrungen zu machen und als Mensch zu wachsen

🕯 Auch ich werde eines Tages sterben und diese Gewissheit bringt mich dazu, meine Lebenszeit für mich so sinnvoll wie möglich zu nutzen, indem ich mehr Leben in meine Tage packe

🕯 Der Tod gibt dem Leben erst seinen Wert, er erinnert mich daran, dass ich nicht ewig auf dieser Welt verweilen werde und meine Träume, Wünsche und Ziele heute verfolgen muss

- Der Tod gehört zum Leben, wie die Nacht zum Tag gehört

Ich überwinde die Angst vor dem Tod

- Meine Angst vor dem Tod ist eigentlich die Angst davor, das eigene Leben nicht mit genügend Leben gefüllt zu haben, bevor meine Zeit gekommen ist
- Ab dem Zeitpunkt, ab dem ich das Leben lebe, das ich mir selbst aus tiefstem Herzen ausgesucht habe, gibt es für mich keinen Grund mehr Angst vor dem Tod zu haben
- Ich bin dankbar für jeden neuen wundervollen Tag, den ich auf dieser Erde verbringen darf

Ich gehe meinen eigenen Weg im Leben

- Dem Einzigen, dem mein Leben gefallen muss, bin ich selbst
- Ich verbiege mich nicht mehr, um anderen Menschen zu gefallen, sondern ich bin genau so, wie ich bin
- Eine Handvoll echter Freunde zu haben, die mich dafür mögen, wie ich bin, ist viel wertvoller, als jede Menge Freunde zu haben, die eine vorgetäuschte Version von mir mögen, die ich weder bin, noch sein möchte

🕭 Ich bin jeden Tag ein bisschen mehr ich selbst und interessiere mich ein bisschen weniger dafür, was andere wohl über mich denken

Ich bin im Reinen mit mir selbst

🕭 Im Reinen mit mir selbst zu sein bedeutet, dass ich mich genau so annehme, wie ich heute bin

🕭 Mich heute so anzunehmen wie ich bin, bedeutet nicht, dass ich morgen nicht eine noch bessere Version von mir sein kann

🕭 Ich kann nicht erzwingen, dass andere mich mögen, ich kann so sein wie ich bin und alles Weitere entscheiden meine Mitmenschen selbst

🕭 Ich kann allerdings dafür sorgen, dass ich mich selbst mag und das ist das Einzige, was wirklich zählt

🕭 Wenn ich im Reinen mit mir selbst bin, strahle ich das auch aus

Das Leben im Moment

🕭 Ich achte bewusst darauf, im Hier und Jetzt zu sein

🕭 Wenn ich arbeite, arbeite ich, wenn ich Freizeit habe, habe ich Freizeit (und bin nicht mit meinen Gedanken bei der jeweils anderen Tätigkeit)

🕭 Bewusst zu bemerken, sobald meine Gedanken abdriften, ist der erste Schritt, um präsenter zu sein

🕭 Sobald ich merke, dass ich nicht mehr gedanklich im selben Raum wie mein Körper bin, nehme ich drei tiefe Atemzüge und konzentriere mich wieder darauf, im Hier und Jetzt zu sein

🐾 Ich schreibe mir jeden Abend auf, was besonders gut an meinem Tag war und ergänze meine Aufzeichnungen um meine *Erinnerungsschätze*, den Momenten des Tages, die ich nie wieder vergessen möchte

🐾 Um mehr im Hier und Jetzt zu leben, bitte ich meine Freunde und Familie, mich darauf hinzuweisen, wenn ich körperlich anwesend, aber gedanklich weit weg bin ('*Tagträumer*')

🐾 Mit mehr und mehr Übung merke ich selbst, sobald ich gedanklich abdrifte und konzentriere mich wieder auf die Gegenwart

Die Grundpfeiler des Glücklichseins 1: Glücklichsein ist meine Entscheidung

🐾 Ich kann nicht alles, was in meinem Leben passiert, beeinflussen oder kontrollieren, ich bin aber immer in der Lage zu entscheiden, wie ich auf etwas reagiere

🐾 Es ist meine eigene Entscheidung, glücklich zu sein, völlig unabhängig von den Umständen, in denen ich mich gerade befinde

🐾 Gut gelaunt zu sein, wenn die Sonne scheint, kann jeder, ich lerne im Regen zu tanzen und bewahre mir kleine Inseln des Glücks, selbst wenn in meinem Leben gerade ein Sturm tobt

Die Grundpfeiler des Glücklichseins 2: Ich bin selbst dafür verantwortlich, dass meine Energieschale gefüllt ist

- Meine Energieschale enthält die Energie, die ich aktuell zur Verfügung habe
- Wenn meine Energieschale leer ist, bin ich nicht mehr in meiner Mitte und reagiere anders, als ich möchte
- Ich fülle meine Energieschale durch Tätigkeiten wieder auf, die mir Freude bereiten und mich erfüllen
- Rechtzeitige Pausen und ausreichend Erholung sorgen dafür, dass meine Energieschale niemals ganz leer wird
- Wenn ich unachtsam bin und selbst nicht merke, dass ich nicht mehr in meiner Mitte bin, lass ich mich von meinen Freunden und meiner Familie liebevoll darauf hinweisen (*'Stachelschwein'*)
- Ich helfe auch meinen Liebsten und weise sie darauf hin, wenn ihre Energieschale zu leer wird und ermögliche ihnen eine Auszeit oder gebe ihnen die Unterstützung, die sie gerade benötigen

Die Grundpfeiler des Glücklichseins 3: Jeder Mensch ist gleichwertig

- Die Bedürfnisse, Gefühle und Meinungen von jedem Familienmitglied sind gleich wichtig (völlig egal, ob Kind oder Erwachsener)
- Erziehung und Beziehungen erfolgen immer auf Augenhöhe
- Wenn ich meine Kinder mit dem gleichen Respekt wie einen Erwachsenen behandele, spüren sie von Anfang an, dass sie wichtig sind, egal wie klein, groß, jung oder alt sie gerade sind
- Gleichwertig bedeutet nicht gleichberechtigt, die Erwachsenen übernehmen immer noch die Führung und entscheiden, wenn notwendig (wenn Gefahr droht oder Langzeitfolgen vom Kind noch nicht eingeschätzt werden können)
- Ich behandele alle Menschen mit demselben Respekt und Mitgefühl

Die Grundpfeiler des Glücklichseins 4: Ich liebe bedingungslos

- Bedingungslos zu lieben bedeutet, dass ich meine Liebe zu einer anderen Person nicht an Bedingungen oder an ein bestimmtes Verhalten knüpfe, sondern ich liebe sie genau so, wie sie ist (mit all ihren Einzigartigkeiten)

❦ Bedingungslos geliebt zu werden ist das schönste Gefühl auf der Welt, denn ich darf vollkommen ich selbst sein und muss mich nicht verbiegen

Ein letzter Brief

Lieber Scott,

ich bin mir sicher, du findest diesen Brief, wenn du deine Notizen erneut durchgehst, sobald du wieder in deiner Welt angekommen bist.

Mit dir zusammen zu lernen war für uns alle ein wundervolles Erlebnis. Du konntest in deiner Zeit auf unserer Insel bestimmt viel über dich selbst lernen und auch Tata und ich konnten noch neue Facetten an uns durch dich entdecken, vielen Dank dafür.

Geh deinen eigenen Weg im Leben, Scott. Triff deine eigenen Entscheidungen, steh zu ihnen und lerne aus ihnen. So machen es alle, die ihr Leben in Eigenverantwortung leben.

Überwinde deine Ängste, denn unsere Ängste sind nur Zwerge, die aus weiter Entfernung wie Riesen aussehen, da sie lange Schatten werfen. Je näher du deinen Ängsten kommst, desto deutlicher erkennst du ihre wahre Größe und bemerkst, dass du keine Angst vor ihnen haben brauchst. Und bedenke dabei immer: »Mutig ist nicht derjenige, der keine Angst kennt. Mutig ist derjenige, der Angst hat und sie überwindet.«

Sei immer mutig, Scott!

Und ich soll dir auch noch etwas von meiner Schwester ausrichten: »Scotty-Boy, sei der taube Frosch!«

Sie meinte, du verstehst schon, was sie dir damit sagen will.

Wir wünschen dir auf deinem weiteren Weg nur das Allerbeste. Sei immer du selbst, so kannst du dich niemals im Leben verlieren.

Und jetzt geh los und verändere die Welt!

Mach's gut, *Hoa Pili Hou*!

In Liebe

- Kiri, Tata, Ninni, Lui und Lio

P.S.: Nur für den Fall, dass du dich fragen solltest, was '*Hoa Pili Hou*' eigentlich bedeutet, aber du nie die Zeit zum Nachfragen gefunden hattest: '*Hoa Pili Hou*' bedeutet in deiner Sprache '*Freund, den wir noch nicht gekannt hatten*'. Das warst du für uns vom ersten Augenblick an, als du unsere Insel betreten hattest. Betrachte du deine Mitmenschen und deine Welt genau so und dein Leben wird sich schlagartig verändern.

Über den Autor

Jonas Pöltl (*1985)

 Ein Studium in Germanistik, Linguistik und Philosophie, danach jahrelange Berufserfahrung in diversen Redaktionen, bis er damit begonnen hat, seine eigenen Bücher zu schreiben und zu veröffentlichen. So könnte man sich gut vorstellen, wie man Autor wird. Und so kam Jonas definitiv nicht zum Schreiben.

Es waren die Geschichten, die nur das Leben selbst schreiben kann und die erzählt werden wollen, die Jonas zum Schreiben brachten. Kombiniert mit der Passion Menschen dabei zu helfen, einen ganz bewussten Blick auf das eigene Leben und auf die Kostbarkeit der eigenen Lebenszeit zu werfen, um sich ein erfüllendes Leben zu erschaffen. Denn mal ganz ehrlich: »Wer, wenn nicht wir selbst, lebt schon unser Leben für uns?«

Die ein oder andere eigene Lebensstation (Startup-Gründer in Jugendjahren, Fellfreund und allen voran Papa zweier wundervoller Söhne) hat dabei genauso ihren Beitrag zu seinen Büchern geleistet wie alle Irrungen und Wirrungen in seinem bisherigen Leben.

Weitere Werke dieser Serie

Die Insel der Erkenntnis
Auf der Suche nach der eigenen
Bestimmung

*»Matt hat alles im Leben, was man sich nur kaufen kann
und doch fühlt er sich innerlich leer. Ihm fehlt seine Bestimmung, sein tieferer Sinn im Leben. Bleibt nur eine einzige
Frage: Wie finde ich eigentlich meine Bestimmung?«*

www.jonaspoeltl.de/inseldererkenntnis

Weitere Werke von Jonas Pöltl

Zielstrebigkeit

Wie du deine Ziele erreichst und deinen
eigenen Weg im Leben gehst

»Ziele setzen und erreichen leicht gemacht.
Für alle, die mehr aus ihrem Leben machen wollen, als nur
aufs Wochenende oder auf die Rente hinzuarbeiten.«

www.jonaspoeltl.de/zielstrebigkeit